飛田和緒の 郷土汁

はじめに

郷土料理は地域の特産物や、調味料を使って作られ、お祝いやお祭りなどの席で振る舞われたり、普段の生活の中で日常的に食べられたりしています。私自身東京で生まれ育ちましたが、高校三年間だけ長野で過ごした経験があり、子ども心に地元ならではの味があることを知りました。大人になってからは地方へ旅に出かけると積極的に地域の味を探すようになりました。
市場に出かけ、スーパーにも寄ってみます。そうすると、少しですが、その土地の暮らしが見え、何より皆さんが郷土の味を誇りに思っていて、時代を超えて受け継がれていく味があることを教えられます。味とともに気持ちも伝わってきて、ぐっと私の胃袋を掴むのです。

今回は郷土料理の中でも汁ものだけを集めて一冊にまとめることになりました。古くから伝わる伝統的な汁や普段の食卓によく上がるシンプルでわかりやすい味のものなど、全国47都道府県に伝わる味を私なりにレシピにしました。誰もが知っている有名な汁もあれば、かなり限られた一部の地域でしか味わえない汁、テレビドラマで一躍その名が知れ渡った汁などもあり、限りない数ある汁ものの中から、今回は102レシピを選びました。
読者の皆さんの食卓に郷土の味をお届けできたらと思います。

飛田和緒

もくじ

近畿地方……88

中国地方……106

四国地方……116

九州・沖縄地方……126

鶏卵汁　いものおづけばっと　長いもすいとん汁　いちご煮　じゃっぱ汁　けの汁　せんべい汁　帆立の味噌汁　かに汁　三平汁

枝豆の味噌汁　かぶの粕汁　とうもろこしの味噌汁　いも煮汁　納豆汁　ひっつみ汁　さんまのすり身汁　まめぶ汁　だまこ汁　いものこ汁

れんこん団子汁　ざくざく　こづゆ　じゅうねん汁　鮭のあら汁　おぼろ汁　はっと汁　むきそば　どんがら汁　孟宗汁

どじょう汁　練馬大根汁　小松菜の味噌汁　深谷ねぎ汁　呉汁　いわしの団子汁　すいとん　こしね汁　ちたけ汁　かんぴょうと卵の味噌汁

のっぺい汁

毎日食べたい！ 郷土汁102品

けんちん汁

たけのこ汁　めかぶの味噌汁　ぼっかけ汁　打ち豆汁　小豆汁　めった汁　とろろ昆布のすまし汁　なすびとそうめんのおつけ　鶏汁　スケトの沖汁

七色汁　こくしょ　冬瓜汁　つぎ汁　白菜汁　赤だし味噌汁　さば汁　とろろ汁　おつけ団子汁　きのこ汁

若竹汁　いとこ汁　白みそ汁　小えびの団子汁　高野豆腐の味噌汁　飛鳥汁　泥亀汁　はまぐりのお吸い物　きゅうりの冷や汁　あおさ汁

大平汁　牡蠣の味噌汁　きび団子汁　のっぺい汁　しじみ汁　かに汁　ばち汁　ぶりの粕汁　肉吸　船場汁

つぼん汁　ヒカド　だぶ　だご汁　かつおの味噌汁　伊予さつま汁　しっぽく　節麺のお吸い物　れんこんのみぞれ味噌汁　そば米汁

もずくスープ　アーサ汁　沖縄風味噌汁　かいのこ汁　さつま汁　れんこんのすり流し汁　冷や汁　山いものおとし汁　鶏汁　かしわ汁

この本の使い方

●レシピ中の小さじ1は5㎖、大さじ1は15㎖、1カップは200㎖、米の1合は180㎖です。
●この本では水だしで作るだしを使用しています（p10参照）が、レシピ中で特に指定のないだしやみそについては、ご家庭で用意しやすいものをお使いください。
●きのこ類は、石づきを切り落としてください。
●肉や野菜を煮始めるとアクが出てきます。レシピではアクとりの作業を省いていますが、適時レードルなどですくってください。
●この本のレシピは、各地の郷土汁のレシピをもとに、飛田和緒さんのアレンジで作っています。地域によって使う素材や調味料が異なることもありますが、手に入りやすい材料で作りやすいようにご紹介しています。
●本書は「ゼクシィキッチン」（旧料理サプリ）にて連載していたものに加筆修正を加え、新しいレシピを入れて再編成しています。

この本の47レシピが動画で見られます！

ゼクシィキッチンにて連載していた47レシピについては、動画で作り方を確認することもできます（材料や作り方などは同一ではありません）。併せてご活用ください。

三平汁、はっと汁、まめぶ汁、こづゆ、肉吸など、厳選された47レシピの作り方を飛田さんが動画で解説。作り方がより詳しく分かります。

ゼクシィキッチン

話題のお店のシェフや有名料理研究家100名以上のレシピ動画を3000本以上収録するレシピサービス。プロが解説するレシピ・動画だから解りやすく簡単に美味しい料理が作れます。
基本の料理はもちろん、特別な日のおもてなし料理など、シーンに応じてご利用いただけます。

Web Site
https://zexy-kitchen.net/

アプリのダウンロード
https://zexy-kitchen.net/app

ゼクシィキッチン　検索

郷土汁とは…

各地の風土のなかで育まれてきた立派な一品です

郷土汁は、
実はとっても奥が深いもの。
寒い地方では体を温めるもの、
暑い地方ではサラリと食べられるもの、
食材を余すことなく使うものなど、
先人の知恵が生かされています。
味つけだって、
味噌や醬油、酒粕、塩などさまざま。
その土地でとれた
野菜や魚介、肉に加えて、
団子や麺が入った汁ものは栄養満点。
汁ものだけでも、
立派な一品になります。

日々の食卓に取り入れやすいものを選んでいます

郷土汁というと、
地元の人でないと作りにくいと
思われる方もいるかと思います。
でも、本書では、
材料はできるだけ
身近で手に入るものを選び、
特定の季節にしか採れないものは
代用品などを使って作るようにしました。
また、調理時間を考えて
すぐ食べたいときにも作りやすいように、
極力短時間で作れるようなご提案もしています。
ぜひ、日々の食卓に
取り入れてみてください。

地域や家庭によっても異なるものです

同じ名前の郷土汁でも、
作られる地域や家庭によって、
使用する出汁や具材、
味つけは異なるものです。
本書でご提案している
レシピ以外でも、
お好みの出汁や調味料、
旬の具材を使ってみてください。
季節の行事や
ハレの日などに作って
お祝いしたり、
四季を意識して具材を選ぶと、
より郷土感を味わえると思います。

おいしい郷土汁を作る
基本だしのとり方

おいしいだしがあれば、
いつもの汁ものの味がまた格別にあがります。
ここでは、より手軽にだしの味を楽しめるように、
材料と水を入れて作る〝水だし〟の方法をご紹介します。
冷蔵庫に入れておけば、2日ほど保存が可能。
使いきれなかった場合は、
一度火にかけ、加熱してから使います。
さらに、水だしでとった後の材料を煮出せば
〝二番だし〟としても使えます。
レシピの中では、私好みの
だしの組み合わせを書きましたが、
組み合わせはお好みで変えてください。

昆布だし

すっきりとして主張しすぎず、具材の旨みを引き立ててくれます。魚介の汁などに最適。

［**材料**］ 昆布……約30g
水……2ℓ

［**とり方**］保存容器に材料を入れ、冷蔵庫でひと晩（6時間以上）おき、温めて使う。

かつおだし

具に野菜をたっぷり使う汁ものにおすすめのだし。野菜にかつおの旨みと香りがしみるとおいしい。

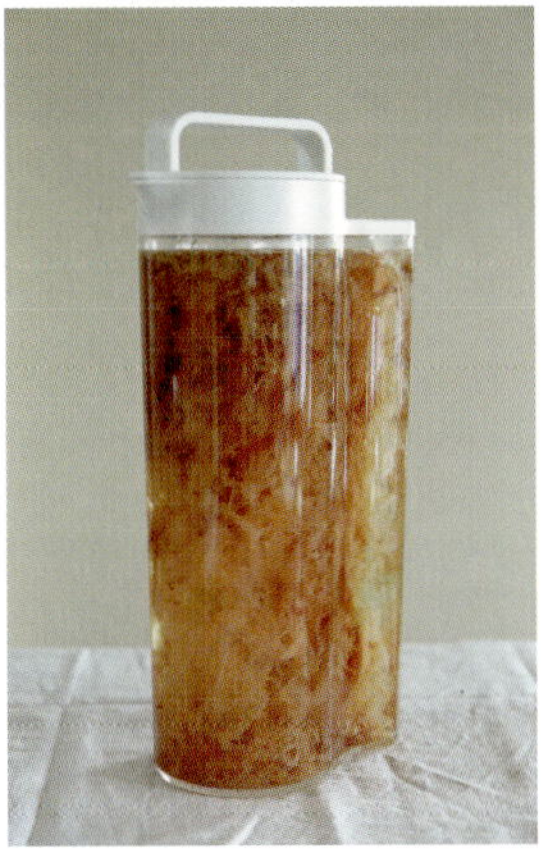

［**材料**］ かつお……30g
水……2ℓ

［**とり方**］保存容器に材料を入れ、冷蔵庫でひと晩（6時間以上）おき、ペーパータオルでこし、温めて使う。

煮干し・あごだし

独特な風味があるので、野菜などの汁ものに使うのがおすすめ。

［**材料**］ 煮干し（またはあご）……15〜20尾
水……2ℓ

［**とり方**］保存容器に材料を入れ、冷蔵庫でひと晩（6時間以上）おき、ペーパータオルでこし、温めて使う。

＊かつお昆布だしは「かつおだし」と「昆布だし」を同量入れて作る。

＊一度水だしにした後の材料は煮出して使うことも可能。新たに水1.5ℓを足して中火にかけ、ふつふつしてきたら10分ほど弱めの中火で煮出します。郷土汁のだしや鍋料理などに使うのがおすすめ。

北海道地方

三平汁 p.14
かに汁 p.16
帆立の味噌汁 p.17

四方を海に囲まれ、
豊かな海産物に恵まれた北海道。
新鮮な魚介類を使った、
風味豊かな汁ものが多いのが特徴です。
出汁は、昆布の産地だけあって、
昆布出汁が主流となっているようです。
また、大豆の生産量も多く、
冷涼な気候のなかで
長期熟成された味噌は、
赤味噌系で中辛口のものが中心。

北海道

三平汁

冬の北海道でよく食べられる郷土汁。
鮭やたらなど塩漬けにした魚と
地元野菜を煮込んで作ります。
石狩鍋とも似ていますが、
こちらは鮭の塩味を生かして
作ります。
鮭から旨みがしっかり出るので、
出汁は昆布であっさりと、
醤油仕立てに仕上げました。
地元では、〝三平皿〟という浅めのお皿に
盛って食べるそうです。

材料（2〜3人分）

塩鮭（切り身）……2切れ（150g）
大根……2cm（60g）
じゃがいも……小1個（90g）
にんじん……1/5本（30g）
昆布だし……2・1/2カップ
A［酒……小さじ2
　しょうゆ……小さじ1〜2
しょうが（すりおろし）……1/2片分

作り方

① 野菜はすべていちょう切りにする。塩鮭は一口大に切り、さっと湯通しして水気を拭く。
② 鍋に昆布だしと①の野菜を入れてやわらかく煮る。①の鮭を加えてひと煮する。
③ Aで味をととのえて器に盛り、しょうがをのせる。

北海道

かに汁

北海道の冬の味覚、毛がにを使ったお味噌汁です。殻からも出汁が出るので、殻つきのままで調理してください。北海道出身の友人の話では、かに脚がおやつだったというくらい、かには日常的な食材だったようです。

材料（2〜3人分）
ゆで毛がに（足）……6〜8本
昆布だし……2カップ
みそ……大さじ1〜1・½
青ねぎ（小口切り）……適量

① 毛がには殻に縦に包丁を入れる。
② 鍋に昆布だしと①を入れて火にかけ、軽く煮てみそを溶き入れる。器に盛って青ねぎを散らす。

帆立の味噌汁

小ぶりな殻つきの帆立貝を使ったお味噌汁。殻つきのままお椀に入れると、華やかな一椀になります。かに汁同様に殻からも出汁が出るので、殻つきで調理してください。

材料（2〜3人分）
帆立貝（小ぶりの殻つき）……4〜6個
長ねぎ（1cm幅の輪切り）……8cm分
昆布だし……2カップ
みそ……大さじ1〜1・½

①帆立貝は殻をよく洗う。
②鍋に昆布だしを入れて火にかけ、温まったら帆立貝を入れて煮る。
③殻が開いたら、長ねぎを加えてみそを溶き入れる。

東北地方

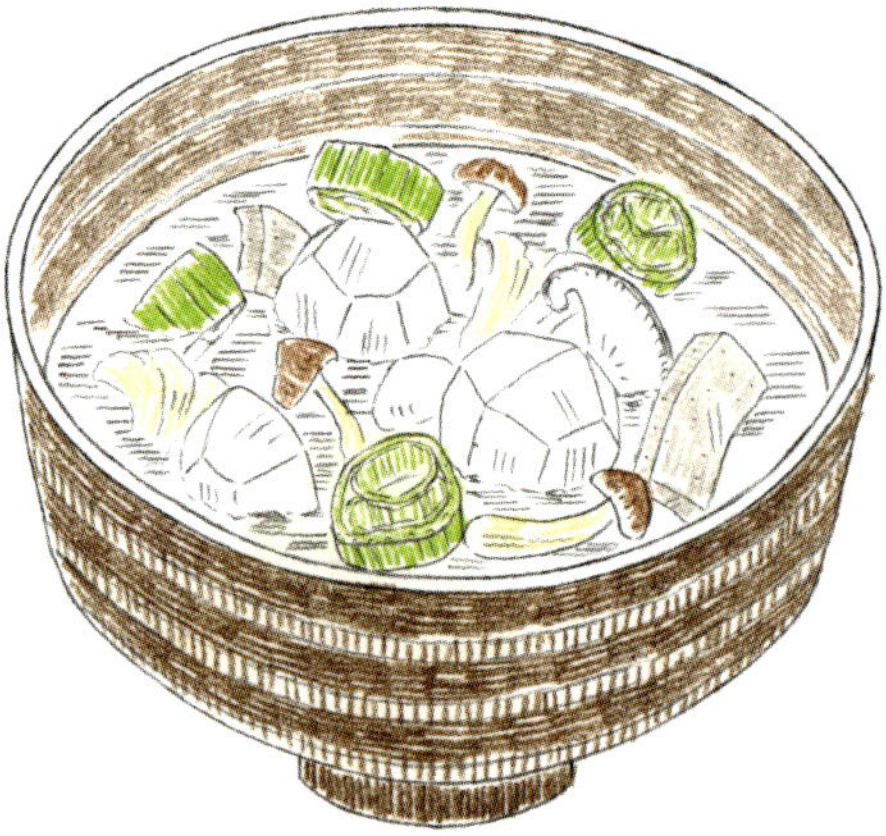

冬は、日本海側を中心に
深い雪に覆われる東北地方。
寒さを乗り切るために、
地元食材を余すことなく食べる
温かい鍋や汁ものが発展してきたので、
郷土汁のバリエーションはとても豊か。
また、厳しい寒さのなかで収穫した
食料を保存のために塩蔵する文化が
昔から受け継がれており、
今でも一般的に東北地方の味つけは濃いと
いわれています。
味噌も塩分が高いものが多く、
じっくり醸造させた
赤系の辛口味噌が主流です。

青森県

せんべい汁

青森県八戸周辺で食べられている郷土汁。ここでは鶏肉を使いましたが、地元では、さば缶を使って作ることもあるそうです。東北地方では南部せんべいやひっつみ（P.33参照）を汁ものによく入れます。ひと煮した南部せんべいのモチモチとした食感がクセになるおいしさ。ボリュームのある一椀です。

材料（2〜3人分）

鶏もも肉……60g
ごぼう……4cm（20g）
にんじん……1/5本（30g）
長ねぎ……4cm
生しいたけ……1枚
キャベツ……小1枚
煮干しだし……2・1/2カップ
A
　しょうゆ……小さじ2
　みりん……少量
　塩……少量
南部せんべい……2枚
サラダ油……適量

作り方

① ごぼう、にんじんは短冊切りにし、ごぼうは水にさらす。長ねぎは小口切りにする。生しいたけは、軸は細切り、かさは薄切りにする。キャベツ、鶏もも肉は一口大に切る。

② 鍋にサラダ油と①の鶏肉を入れ、火にかけて炒める。鶏肉が白っぽくなったら①の野菜を加えてひと炒めし、煮干しだしを加えて野菜に火が通るまで煮る。

③ Aで味をととのえ、南部せんべいを4、5等分に割り入れてひと煮する。

青森県

けの汁

根菜や山菜、大豆などの具材をたくさん入れた、青森県津軽地方の郷土汁。けの汁の〝け〟は粥のことを指し、七草粥のように食べられているそう。ここでは味噌味にしましたが、醤油味も合います。

材料（2～3人分）

大根……1cm（30g）
にんじん……1/5本（30g）
ごぼう……4cm（20g）
わらび・ふき（水煮）……合わせて40g
高野豆腐（5cm角、1cm厚さのもの）……1枚（5g）
こんにゃく……30g
大豆（水煮）……30g
昆布だし（または煮干しだし）……2・1/2カップ
みそ……大さじ1
しょうゆ……少量

①高野豆腐はぬるま湯に浸してもどし、両手で挟んで水気を絞る。

②こんにゃくは熱湯でゆで、大根、にんじん、①とともに1cm角に切る。ごぼうは1cm幅の輪切りにし、水にさらす。わらび、ふきは1cm長さに切る。

③鍋に昆布だしと①、②、大豆を入れて野菜がやわらかくなるまで煮て、みそを溶き入れ、しょうゆを加えて味をととのえる。

じゃっぱ汁

青森県津軽地方の郷土汁。〝じゃっぱ〟とは津軽弁で「雑把」を意味し、たらの頭からあらまで使用します。青森県でもたらは冬を代表する味覚。味つけの酒粕がアクセントになり、寒い季節に体の芯から温めてくれる一椀です。

材料（2〜3人分）
たらのあら……150g
白子……100g
長ねぎ……½本
昆布だし……2カップ
酒粕……大さじ4
みそ……大さじ1〜1・½

①たらのあらはさっと熱湯をかけ、流水で汚れや血を落とし、ペーパータオルで水気を拭く。
②白子は一口大に切る。長ねぎは斜め切りにする。
③鍋に昆布だし、①、②を入れて火にかけ、火が通ったら酒粕、みそを溶き入れてひと煮する。

いちご煮

椀に浮くうにが野いちごのようであることから、その名がついたといわれています。あわびの食感と、うにの磯の香りを十分に楽しむために、味つけはあっさりと。うには火を通しすぎずさっと仕上げると、より風味を楽しめます。

材料（2〜3人分）

うに……35g

あわび（貝柱のみ）……30g

昆布だし……2カップ

A［塩……小さじ¼

　 薄口しょうゆ……少量

青ねぎ（小口切り）……適量

① あわびはたわしでよくこすり洗い、殻からはずして、ヒモや肝は除いて薄切りにする。

② 鍋に昆布だしを入れて火にかけ、温まったら①を入れて煮る。再び沸いたら、うにを加え、**A**で味をととのえて器に盛り、青ねぎを散らす。

青森県

長いもすいとん汁

長いもが特産の青森県では、長いもと片栗粉を使ってすいとんを作ることも。ツルッとした食感がたまりません。地元では好みの野菜と組み合わせて作りますが、シンプルに長ねぎのみで仕上げました。

材料（2〜3人分）

長いも……60g
長ねぎ……½本
片栗粉……大さじ1
だし（好みのもので）……2カップ
A
- 酒……小さじ1
- しょうゆ……小さじ2
- 塩……少量

① 長いもはすりおろしてボウルに入れ、片栗粉を加えて混ぜる。
② 長ねぎは5㎝長さに切り、縦四等分に切る。
③ 鍋にだしを入れて火にかけ、温まったら①をスプーンですくって落とし入れる。②を加えてさっと煮て、**A**で味をととのえる。

いものおづけばっと

モチモチしたじゃがいも団子が入った汁もの。〝おづけ〟は味噌汁のことを、〝ばっと〟は一口大の団子を指します。団子を平たくすると火の通りがよく、出汁がしみ込みやすくなります。

材料（2〜3人分）

豚肩ロース薄切り肉……2枚
じゃがいも……1個（100g）
白菜……1枚
生しいたけ……1枚
ごぼう……5cm（25g）
片栗粉……大さじ2
だし（好みのもので）……2・½カップ
みそ……大さじ2
長ねぎ……10cm

① 白菜とごぼうは細切りにし、ごぼうは水にさらす。生しいたけは軸ごと縦半分に切って薄切りに、長ねぎは小口切りにして水にさらす。豚肩ロース薄切り肉は細切りにする。じゃがいもはすりおろしてボウルに入れ、片栗粉を加えて混ぜる。

② 鍋にだしを入れて火にかけ、温まったらじゃがいもと長ねぎ以外の①を入れる。沸騰したら、じゃがいもを一口大に手で丸めて平たくし、加えてよく煮る。

③ みそを溶き入れて器に盛り、長ねぎの水気をきってのせる。

鶏卵汁

鶏の卵のようなあんこ入り団子を、すまし汁に浮かべた汁もの。地元では精進料理の行事食として作られているそう。昆布出汁に甘い団子の組み合わせがクセになるおいしさ。

材料（2人分）

こしあん……小さじ4
白玉粉……60g
水……大さじ5〜7
昆布だし……1カップ
A［塩……ふたつまみ
　薄口しょうゆ……少量
三つ葉（ざく切り）……適量

①ボウルに白玉粉を入れ、水を少しずつ加えてよく混ぜる。耳たぶくらいの固さになったら、4等分して丸める。手のひらで平らにしてこしあんを小さじ1ずつ入れて丸め、鶏卵のように形をととのえる。

②鍋に湯を沸かし、①を入れる。浮き上がったら1分ほどゆで、冷水に取って冷まし、水気をきる。

③鍋に昆布だしを入れて火にかけ、温まったら**A**で薄く味をつけ、②を加える。温まったら、器に盛って三つ葉をのせる。

秋田県

いものこ汁

秋田の県南のほうで食されている秋の定番郷土汁です。〝いものこ〟とは里いものこと。コクのある鶏出汁にしょっつるの風味がきいています。地元では最後にせりを加えます。秋田の小学校では「なべっこ遠足」というものがあり、屋外でいものこ汁を作って食べるそう。

材料（2〜3人分）
鶏もも肉……60g
里いも……3個（120g）
まいたけ……30g
しらたき……30g
鶏がらスープ……2・½カップ
みそ……大さじ1

A
しょっつる……小さじ1（ナンプラーでも可）
酒……小さじ2
塩……少量

せりまたは三つ葉（ざく切り）……適量

①鶏もも肉、里いもは一口大に切る。まいたけは小房に分ける。しらたきは食べやすい長さに切り、さっと熱湯にくぐらせる。
②鍋に①の鶏もも肉と里いも、鶏がらスープを入れて火にかけ、里いもがやわらかくなるまで煮る。
③①のまいたけ、しらたきを加えて火が通ったら、みそを溶き入れ、**A**で味をととのえる。器に盛ってせりをのせる。

だまこ汁

〝だまこ〟とはご飯をつぶして丸めたもので、きりたんぽの兄弟のような存在。だまこは水溶き片栗粉でコーティングすることで、煮くずれしにくくなります。鶏肉から出る出汁と相性がよく、腹持ちのよい一品です。

材料（2〜3人分）

ご飯（炊きたて）……200g
鶏もも肉……80g
ごぼう……10cm（50g）
片栗粉……少量
だし（好みのもので）……2カップ
サラダ油……少量

A
しょうゆ……小さじ1
酒……小さじ1
ナンプラー……少量
塩……ひとつまみ

三つ葉またはせり（ざく切り）……適量

① ご飯はすり鉢またはボウルに入れ、粘りが出るまですりこぎでつく。片栗粉に同量の水（分量外）を加えて混ぜ、手につけながらご飯を一口大に丸める。フライパンにサラダ油を熱し、こんがり焼き色がつくまで焼く。

② 鶏もも肉は一口大に切る。ごぼうはささがきにして水にさらす。

③ 鍋にだし、②を入れ、鶏肉に火が通るまで煮る。Aで味をととのえて①を加えてひと煮し、器に盛って三つ葉をのせる。

岩手県

まめぶ汁

岩手県久慈市周辺で食されている郷土汁。
くるみと黒砂糖が入った甘い団子が
麩のような形であったことから
〝まめぶ〟と名づけられたそう。
「まめまめしく健康に」という
思いを込めて新年に食べることも。
その昔、くるみは貴重な食材で
拾い集めてはお正月のためにとっておいたとか。
団子を噛み締めたときに広がる甘さと
くるみの歯ごたえや香ばしさが
醤油味の汁とよく合います。

材料（2〜3人分）
にんじん……⅕本（30g）
ごぼう……4cm（20g）
しめじ……35g
油揚げ……⅓枚
くるみ……2個
黒砂糖（粉末）……10g
薄力粉……30g
水……小さじ4
片栗粉……適量
煮干しだし……2・½カップ
A［しょうゆ……小さじ1
　［塩……少量

作り方
①にんじん、ごぼう、油揚げは細切りにし、ごぼうは水にさらす。しめじはほぐす。
②くるみはフライパンでさっとから煎りし、粗く刻む。
③ボウルに薄力粉と水を合わせ、耳たぶくらいの固さになるまでよく練る。手に片栗粉をまぶして生地の⅙をとり、白玉団子の要領で丸めて平たくつぶし、②と黒砂糖をのせて包み、約6個団子を作る。表面に軽く片栗粉をまぶす。
④鍋に煮干しだしを入れて火にかけ、温まったら①を加え、野菜に火が通ったら③を加える。団子が浮いて2〜3分煮たら、Aで味をととのえる。

さんまのすり身汁

さんまの水揚げが盛んな岩手県三陸沖。さんまのおいしい季節には欠かすことのできない汁ものです。さんまは包丁でよく叩くことで、ふわっとした仕上がりになります。

材料（2～3人分）
さんま（身のみ）…… 150g
A
- みそ…… 15g
- しょうが（みじん切り）…… 1片分
- 酒…… 大さじ2
- しょうゆ…… 小さじ1・½
- 塩…… 小さじ¼

にんじん…… ⅕本（30g）
大根…… 1cm（30g）
絹さや…… 4枚
昆布だし…… 2カップ
みそ…… 適宜

①にんじん、大根は小さめの薄切り、絹さやは筋を取り、斜めに2等分する。
②さんまは三枚におろして、身を細かく切り、包丁で叩きながらAを加えて混ぜ、4等分にして丸める。
③鍋に昆布だしを入れて火にかけ、温まったら①のにんじん、大根、②を入れて約15分弱めの中火で煮る。
④だし汁に十分さんまの味が出たら、①の絹さやを加え、味をみて足りない場合はみそを溶き入れて味をととのえる。

岩手県

ひっつみ汁

岩手県では、手でちぎることを方言で〝ひっつみ〟といいます。小麦粉を練ったものをひっつまんで汁に投げ入れることからこの名がついたそう。生地を30分ほど寝かせることで、ツルッとなめらかでのどごしよく仕上がります。

材料（2〜3人分）

鶏もも肉……50g
白菜……1枚
長ねぎ（青い部分）……½本
しめじ……30g
にんじん……⅙本（15g）
A［薄力粉……150g
　 ぬるま湯……大さじ1・½強
塩……少量
だし（好みのもので）……2カップ
B［しょうゆ……小さじ2
　 酒……小さじ1

①ボウルにAを入れてよく練り、まとまったらラップをして常温で30分ほど寝かせる。

②白菜はざく切りに、長ねぎは小口切りにする。しめじはほぐし、にんじんは小さめの薄切りにする。鶏もも肉は小さく切る。

③鍋にだしを入れて火にかけ、温まったら②を入れて野菜に火が通るまで煮る。Bを加え、①を手で食べやすい大きさにちぎって入れる。ひっつみに透明感が出たら塩で味をととのえる。

山形県

納豆汁

雪が多く寒い山形の冬の時季に、貴重なたんぱく源として食されていた納豆を使った汁。昔は寒い冬の日、家庭のこたつで納豆を作り、それを料理に使っていたそう。納豆のとろみがついた汁ものが体を温めてくれます。現地では、いもがら（ずいき）を入れて作ることもあるそうです。

材料（2〜3人分）
ひきわり納豆……80g
絹ごし豆腐……⅓丁（100g）
なめこ……40g
油揚げ……⅓枚
かつおだし……2カップ
みそ……大さじ1〜1・½
しょうゆ……少量
青ねぎ（またはせり。斜め切り）……適量

① 油揚げは粗みじん切りにする。
② 鍋にかつおだしを入れて火にかけ、温まったら①とひきわり納豆となめこを入れ、絹ごし豆腐をさいの目に切りながら加えてさっと煮る。みそを溶き入れ、しょうゆで味をととのえる。
③ 器に盛って青ねぎをのせる。

山形県

いも煮汁

山形県の秋の風物詩ともいえる郷土汁。河原に仲間で集まって「芋煮会」を開くほど、地元の人に愛されています。地域によって牛肉や豚肉を入れたり、味噌仕立てにしたりとさまざまですが、ここでは里いもをメインに醤油味で仕上げました。

材料（2〜3人分）

里いも……小3個（100g）
こんにゃく……30g
長ねぎ（青い部分含む）……¼本
生しいたけ……1枚
まいたけ……30g
しめじ……30g
だし（好みのもので）……2・½カップ

A
しょうゆ……小さじ2
酒……小さじ1

塩……少量

①里いもは小さければ丸ごと、大きければ2等分に切り、表面を乾いたペーパータオルやふきんでこすってぬめりを取る。

②こんにゃくは一口大に切り、熱湯でさっとゆでてざるに上げる。長ねぎは小口切りにする。まいたけ、しめじは小房に分け、生しいたけはかさは薄切り、軸は細切りにする。

③鍋にだし、①を合わせて火にかけ、やわらかくなったらA、②を加えてひと煮し、塩で味をととのえる。

山形県

とうもろこしの味噌汁

山形県庄内地方の夏の定番郷土汁。具材はとうもろこしのみとシンプルながら、味噌との相性がよく、芯ごと入れることで出汁に旨みとコクが出ます。

材料（2〜3人分）
とうもろこし……約½本（100g）
かつお昆布だし……2カップ
みそ……大さじ1〜1・½

①とうもろこしは芯ごと厚めの半月切り、または輪切りにし、かつお昆布だしとともに鍋に入れて火にかける。
②とうもろこしがやわらかくなったら、みそを溶き入れる。

山形県

かぶの粕汁

山形県の庄内地方には、かつて「東北の灘」と呼ばれたほど酒造りが盛んなところがあり、酒粕を使った汁ものがよく作られています。上品な酒粕の風味と、塩鮭が合わさってコクのある味わい。打ち豆が、独特の食感をもたらします。

材料（2〜3人分）
かぶ……2個（180g）
かぶの茎……3本
塩鮭（切り身）……1切れ
打ち豆＊……10g
長ねぎ……5cm
だし（好みのもので）……2・½カップ
酒粕……大さじ3
みそ……大さじ2
しょうゆ……少量

＊大豆を石臼の上で叩いてつぶし、乾燥させたもの。

① かぶと塩鮭は一口大に切り、長ねぎとかぶの茎は小口切りにし、長ねぎは水にさらす。
② 鍋にだしを入れて酒粕を溶き混ぜ、①のかぶと塩鮭、打ち豆を加えて煮る。
③ 火が通ったら味をみながらみそを溶き入れ、しょうゆで味をととのえ、かぶの茎を加えてひと煮して器に盛りつけ、水気をきった長ねぎをのせる。

山形県

枝豆の味噌汁

枝豆をさやごと煮ることでほんのりとした豆の甘さを含んだ味噌汁が味わえます。地元では枝豆から出る出汁のみを使って作ることもあるそうです。枝豆はさやは食べないのでご注意を。口の中でさやに含んだ汁を吸いながら、豆をいただきます。

材料（2～3人分）
枝豆（さやつき）……60g
塩……適量
かつお昆布だし……2カップ
みそ……大さじ1～1・½

①枝豆はさやの両端を切って塩をふってもみ、流水でさっと洗う。
②鍋にかつお昆布だしを入れて火にかけ、沸いたら①を入れる。再び沸いたら火を弱め、さやが弾けるくらいまでやわらかく煮て、みそを溶き入れる。

山形県

孟宗汁

孟宗竹《もうそうちく》とはえぐみが少なく、独特な甘さを含んだ竹の子です。山形県では「もうそ」と呼ばれて、親しまれています。シャキシャキとした歯ごたえと、まろやかな酒粕の風味が美味。

材料（2〜3人分）
孟宗竹（水煮でも可）……50g
豚肩ロース薄切り肉……80g
生しいたけ……1枚
厚揚げ……100g
だし（好みのもので）……2・½カップ
酒粕……大さじ4
みそ……大さじ2
長ねぎ（青い部分を含む。小口切りにして水にさらす）……3㎝分

① 孟宗竹は細切りに、生しいたけは半分に切って薄切りに、厚揚げは一口大に切る。豚肩ロース薄切り肉は細切りにする。
② 鍋にだしを入れて火にかけ、温まったら①を入れて具材に火が通るまで煮る。
③ 酒粕、みそを溶き入れ、ひと煮して器に盛り、長ねぎの水気をきってのせる。

山形県

どんがら汁

冬に漁に出た漁師が、脂ののったたらを身も骨も内臓も余すことなく使って作った豪快な漁師めしで、〝どんがら〟は「胴殻」が変化したそうです。ここでは手に入りやすいたらの身と白子を使いさっぱりした味わいに仕上げました。トッピングの岩のりでいっそう磯の香りが増します。

材料（2〜3人分）
生たら（切り身）…… 2切れ
白子 …… 100g
長ねぎ（青い部分）…… ½本
だし（好みのもので）…… 2カップ
みそ …… 大さじ1〜1・½
岩のり（乾燥）…… 適量

①生たらと白子は一口大に切る。長ねぎは食べやすく切る。
②鍋にだしを入れて火にかけ、温まったら①のたらを入れて煮る。火が通ったら、白子を入れてひと煮する。
③みそを溶き入れ、①の長ねぎを加えてひと煮し、器に盛って岩のりをのせる。

山形県

むきそば

むきそばとは、そばの実を殻ごとゆでてむいたもの。冷たい出汁に入れ、とろろ、わさびでさっぱりと仕上げます。暑い季節やお酒の席にも喜ばれる一椀です。そばどころ山形ならではの郷土汁。

材料（2〜3人分）

むきそばの実……40g
長いも（すりおろし）……120g
A かつお昆布だし……2カップ
　塩……小さじ½
　薄口しょうゆ……小さじ1
青ねぎ（小口切り）……適量
刻みのり……適量
練りわさび……適量

①ボウルに**A**を合わせて混ぜ、冷蔵庫で冷やす。
②むきそばの実はさっと洗って熱湯で5〜10分ほどゆで、ざるに上げて水気をきる。
③器に②を盛り、①をはって長いもをのせ、青ねぎ、刻みのり、練りわさびをのせる。

宮城県

はっと汁

小麦粉を練って作った薄い生地が特徴の汁椀。食感が似ていることから餃子の皮で作りました。〝はっと〟とは、大名が「こんなにうまいものを農民に食べさせるのはご法度だ」と言ったことが名づけの由来。家庭によって入れる具材はさまざまですが、仙台名物の油麩が入っていることが多いそう。

材料（2〜3人分）

大根……4cm（120g）
にんじん……1/5本（30g）
長ねぎ……5cm
餃子の皮（またはワンタンの皮）……2枚
かつおだし……2・1/2カップ
油麩＊……8cm
A
しょうゆ……小さじ2
塩……少量

＊油で揚げて作る麩で、この地方の郷土食材。コクがあり、旨みが強く、炒めものや煮もの、丼にもよく使われる。なければ普通の麩で代用可。

① 油麩は輪切り、大根、にんじんは短冊切りにする。長ねぎは小口切り、餃子の皮は縦3、4等分に切る。

② 鍋にかつおだしと①の野菜と油麩を入れて野菜がやわらかくなるまで煮る。①の餃子の皮を加えてさっと煮て、**A**を加えて味をととのえる。

おぼろ汁

ふんわり浮かんだおぼろ豆腐がおぼろ月のように見えることから名づけられた汁もの。舌ざわりのよいおぼろ豆腐がみりんを加えた甘めの出汁を含んで、のどごしのよい一品に。地元では片栗粉でとろみをつけることもあるそうです。

材料（2～3人分）

おぼろ豆腐……100g
大根……1cm（30g）
にんじん……⅕本（30g）
ごぼう……4cm（20g）
干ししいたけ……1枚

A
しょうゆ……小さじ2
みりん……小さじ½
塩……少量

だし（好みのもので）……2カップ

① おぼろ豆腐はざるにのせ、軽く水切りする。

② 干ししいたけは水に浸してもどし、薄切りにする。もどし汁大さじ1はとっておく。大根、にんじん、ごぼうは細切りにする。ごぼうは水にさらす。

③ 鍋にだし、②を入れてやわらかく煮る。Aで味をととのえ、①を大きめのスプーンですくい入れ、ひと煮する。

宮城県

鮭のあら汁

身からあらまで、鮭を余すことなく味わえる汁椀。県内の飲食店では、鮭の身といくらを使った「はらこ飯」とセットで供されることも。鮭のあらから出る出汁に旨みがぎゅっと凝縮されています。

材料（2〜3人分）
鮭の身とあら……300g
大根……2㎝（60g）
長ねぎ……⅓本
しめじ……30g
A ［昆布だし……2カップ
　 酒……大さじ1
B ［しょうゆ……小さじ2
　 塩……少量

①鮭の身とあらは大きめの一口大に切り、熱湯にさっとくぐらせて水洗いし、汚れや血を除く。
②大根は一口大に切る。しめじはほぐす。長ねぎは5㎝長さに切って縦半分に切る。
③鍋にA、①、②を入れて火にかけて煮る。火が通ったら、味をみてBで調味する。

じゅうねん汁

宮城県で作られているじゅうねんを使ったお味噌汁。〝じゅうねん〟とは、えごまのことで、しそに似た独特な香りがあります。地元では、種子をごまのようにすっていろいろな料理に使います。

材料（2〜3人分）

- 里いも……4個（160g）
- 大根……1cm（30g）
- にんじん……1/5本（30g）
- ごぼう……4cm（20g）
- えごま……大さじ2
- A
  - みそ……大さじ2
  - 砂糖……小さじ2
  - 酒……小さじ2
- 絹ごし豆腐……1/6丁（50g）
- だし（好みのもので）……2・1/2カップ
- 長ねぎ（小口切りにして水にさらす）……5cm分

①里いもは皮をむいて、ペーパータオルなどで表面をこすってぬめりを取る。大根、にんじん、ごぼうは小さめの乱切りにしてごぼうは水にさらす。絹ごし豆腐はさいの目に切る。

②小鍋にえごまを入れてから煎りし、香りが立ったらすり鉢であたる。Aを加えてよく混ぜる。

③鍋にだし、①の里いもを入れて火にかけ、ほぼやわらかくなったら残りの野菜を加えてやわらかく煮る。②を溶き入れ、①の豆腐を加えてひと煮する。器に盛って、長ねぎをのせる。

福島県

こづゆ

干し貝柱の豊かな風味を生かした、上品な味わいです。内陸の会津地方では海産物が贅沢品だったこともあり、正月や冠婚葬祭の席で振る舞われるご馳走でした。根菜はできるだけ大きさを揃えているのが特徴です。

材料（2〜3人分）
干し貝柱（缶詰でも可）＊……2個（10g）
水……2・½カップ
里いも……小2個（60g）
にんじん……¼本（40g）
れんこん……⅛節（30g）
生しいたけ……2枚
きくらげ（もどしたもの）……1枚（10g）
しらたき……30g
A［塩……小さじ½
　薄口しょうゆ……少量
＊缶詰の場合は、缶汁も水と合わせて具材を煮る。

① 鍋に干し貝柱と水を入れて冷蔵庫でひと晩おく。
② 里いも、にんじん、れんこんは一口大に切る。生しいたけは半分に切って、薄く切る。きくらげは1cm幅に切る。しらたきはさっと熱湯に通してざるに上げ、食べやすく切る。
③ 鍋に①としらたき以外の②を合わせてやわらかく煮る。しらたきを加え、Aで味をととのえる。

福島県

ざくざく

具材を〝ざくざく〟切ることからその名がついた郷土汁。干し貝柱で出汁をとる贅沢な〝こづゆ〟に対して、煮干し出汁で作るので、庶民の間で楽しまれていたそうです。あっさりとした味わいながら、鶏肉や根菜、焼き豆腐がたっぷり入ることで食べごたえのある一品に。

材料（2〜3人分）

鶏もも肉……60g
大根……2cm（60g）
ごぼう……4cm（20g）
にんじん……⅕本（30g）
里いも……小2個（60g）
生しいたけ……2枚
焼き豆腐……⅙丁（50g）
こんにゃく……40g
煮干しだし……2・½カップ
A
しょうゆ……小さじ2
酒……小さじ1
塩……ふたつまみ

① 具材はすべてさいの目に切る。ごぼうは水にさらす。こんにゃくはさっとゆでる。
② 鍋に煮干しだしと①を入れてやわらかく煮る。**A**を加えて味をととのえる。

関東地方

関東の汁ものは、
基本的にはかつお出汁が主流。
太平洋側で、よくかつおが獲れるため
定着したようです。
かつお出汁は、風味が強いため、
醤油も香りが強い
〝濃口醤油〟が合わせられ、色の濃い〝つゆ〟
（関西では〝出汁〟と呼ばれる）に
仕上がります。
地元野菜をたっぷり使った汁ものと
かつお出汁の相性は抜群。
味噌は米味噌が中心です。

茨城県

れんこん団子汁

茨城県土浦市の名産、れんこんは晩秋から冬にかけて旬を迎え、いろいろな料理に使われます。なかでもこの汁ものは、れんこんの粗みじん切りとすりおろしを入れて作った団子が美味。かつお出汁と鶏の風味がじんわりしみる一椀です。

材料（2～3人分）

鶏ひき肉……100g
れんこん……⅓節（80g）
片栗粉……大さじ1
塩……ひとつまみ
長ねぎ……8cm
かつおだし……2・½カップ
A［薄口しょうゆ……小さじ1
　 塩……少量

① れんこんは半分を粗みじん切りにし、残りはすりおろしてざるに上げ、水気を軽くきる。長ねぎは小口切りにする。

② ボウルに①のれんこん、鶏ひき肉、片栗粉、塩を入れ、手でよく練り混ぜる。

③ 鍋にかつおだしを入れて火にかけ、温める。②をスプーン2本を使って一口大に丸め、落とし入れて7～8分煮る。

④ ①の長ねぎを入れ、Aで味をととのえる。

かんぴょうと卵の味噌汁

夕顔の実をひも状にむき、干して作るかんぴょう。生産量の多い栃木ではこのお味噌汁が学校給食に出るほどポピュラー。味噌の香りを生かすために、煮すぎないように作ります。汁を吸ってやわらかくなったかんぴょうが格別。やさしい味わいのほっとする一椀です。

材料（2〜3人分）
かんぴょう（乾燥）……10g
卵……2個
かつおだし……2カップ
みそ……大さじ1
三つ葉（葉のみ）……適量

①かんぴょうはやわらかくゆでて、食べやすい長さに切る。ボウルに卵を割りほぐす。
②鍋にかつおだしを入れて火にかけ、温まったら①のかんぴょうを入れてひと煮する。
③①の卵を回し入れて好みの固さに火を通し、みそを溶き入れる。器に盛って三つ葉をのせる。

栃木県

ちたけ汁

〝ちたけ〟という、栃木県で親しまれているきのこを使った汁もの。〝ちち（乳）たけ〟とも呼ばれ、地元では、〝ちたけそば〟としてもよく食べられています。割くとにじみ出てくる乳液が出汁を引き立て、香り豊かな仕上がりに。ちたけとなすが、とろりとしたやわらかな口当たりです。

材料（2〜3人分）
なす……1本
ちたけ（水煮でも可）＊……60g
サラダ油……小さじ2
かつおだし……2カップ
A
- しょうゆ……小さじ2
- 酒……小さじ2
- みりん……小さじ1
- 塩……少量

＊生は手に入りにくいので、水煮やしいたけ、ひらたけなどを使ってもおいしい。

① なすとちたけは一口大に切り、なすは水にさらす。
② 鍋にサラダ油と①を入れ、火にかけて炒め、かつおだしを加えてやわらかく煮る。**A**を加えて味をととのえる。

群馬県

こしね汁

群馬県特産の「こんにゃく・しいたけ・ねぎ（下仁田）」の頭文字をとって名づけられた郷土汁。豚肉を炒めてコクを出します。太くて食べごたえのある下仁田ねぎが出回る寒い季節に食べたい一品です。

材料（2〜3人分）
こんにゃく……100g
生しいたけ……1枚
下仁田ねぎ（長ねぎでも可）……½本
豚ばら薄切り肉……2枚
ごま油……小さじ1
かつおだし……2カップ
みそ……大さじ1〜1・½
しょうゆ……少量

①こんにゃくは一口大に切り、熱湯でさっとゆがく。生しいたけは半分に切って薄切りに、下仁田ねぎは1cm幅の斜め切りに、豚ばら薄切り肉は2cm幅に切る。
②鍋にごま油と①の豚肉を入れ、火にかけてさっと炒める。肉の色が変わったら、残りの①を加えてひと炒めし、かつおだしを加えて煮る。
③みそを溶き入れ、しょうゆで味をととのえる。

群馬県

すいとん

練った小麦粉の生地を、
一口大にして汁で煮た〝すいとん〟。
全国的に食べられていますが、
小麦粉の産地として有名な群馬県では
地粉を使ったすいとんや
おっきりこみ（太く麺状にしたすいとんを
入れて煮こんだもの）
を汁ものに入れてよく食べるそう。
弾力のあるすいとんが
食べごたえのある一椀に。

材料（2〜3人分）
豚ばら薄切り肉……50g
大根……2cm（60g）
にんじん……1/5本（30g）
白菜……1枚
長ねぎ……10cm
油揚げ……1/3枚
すいとん粉＊……1/2カップ
だし（好みのもので）……2・1/2カップ
A［しょうゆ……小さじ2
　　酒……小さじ1
塩……少量
＊すいとん粉がなければ79ページを参考に薄力粉で作ってください。

作り方
① 大根、にんじんはいちょう切りにする。白菜は1cm幅に切る。長ねぎは輪切りにする。油揚げは細切り、豚ばら薄切り肉は2cm幅に切る。
② すいとん粉は表示通りの水で溶き混ぜる。
③ 鍋にだしを入れて火にかけ、温まったら①を加える。野菜がやわらかくなったらAを加える。
④ ②を一口大にちぎり、手で薄く伸ばして加え、すいとんが透き通ったら塩で味をととのえる。

千葉県

いわしの団子汁

いわしの町、九十九里の郷土汁。いわしは包丁で丁寧に叩くことで旨みも出て、ふんわりとした仕上がりになります。臭み消しに入れた味噌、しょうが、長ねぎが旨みとなって出汁に深みが出ます。合わせる野菜はお好みで。

材料（2〜3人分）

いわし……150g

A
- みそ……小さじ½
- しょうが（すりおろし）……少量
- 片栗粉……大さじ1
- 長ねぎ（みじん切り）……大さじ1

大根……1cm（30g）

にんじん……⅕本（30g）

かつおだし……2カップ

B
- 酒……小さじ2
- 薄口しょうゆ……約小さじ1
- みりん……少量

青ねぎ（小口切り）……適量

① 大根、にんじんは細切りにする。

② いわしは手開きにし、骨を除いて包丁で細かく叩き、**A**を加えてさらに粘りが出るまで叩いて混ぜる。

③ 鍋にかつおだしを入れて火にかけ、沸騰したら①を入れて煮る。再度沸騰したら②を手で一口大に丸め、落とし入れる。

④ 約5分煮て**B**で味をととのえ、器に盛って青ねぎを散らす。

埼玉県

呉汁

大豆をすりつぶしたものを呉といい、それを汁仕立てにしたものを呉汁《ごじる》と呼びます。地元ではいもがらを入れて作るようですが、手に入りにくいので、なすとかぼちゃの組み合わせで作りました。大豆の旨みとかぼちゃの甘みがよく合い、かぼちゃがくずれるくらい煮るととろみがついておいしい。

材料（2～3人分）
大豆（水煮）……100g
かぼちゃ……1/16個（75g）
なす……1本
油揚げ……1/3枚
かつおだし……2カップ
みそ……大さじ1～1・1/2

① 野菜と油揚げは一口大に切る。なすは水にさらしてアクを抜く。大豆はすり鉢で粗くすりつぶす。包丁で刻んでもよい。
② 鍋にかつおだしを入れて火にかけ、温める。①を加えて煮る。
③ 野菜がやわらかくなったら、みそを溶き入れて味をととのえる。

埼玉県

深谷ねぎ汁

埼玉県深谷市名産の〝深谷ねぎ〟を使った味噌汁。やわらかくて甘みのあるねぎのおいしさを味わうため、丸ごと一本使って作ります。できれば、深谷ねぎを使いましょう。ねぎの青い部分は香りもよく繊維がしっかりしているので、食べごたえがあります。厚揚げは油抜きせず、そのまま煮て汁にコクを出します。

材料（2〜3人分）

長ねぎ（青い部分を含む）……1本
厚揚げ……80g
かつおだし……2カップ
みそ……大さじ1〜1・½

① 長ねぎは1cm幅の輪切りにする。厚揚げは1cm角に切る。

② 鍋にかつおだしを入れて火にかけ、温まったら①を入れて約5分煮る。みそを溶き入れる。

小松菜の味噌汁

今では全国区で作られている小松菜ですが、もとは江戸時代初期に、現在の東京都江戸川区で生産されたもの。その小松菜を使ったシンプルなお味噌汁。江戸っ子に愛され続けている味のひとつです。小松菜は煮すぎると色が悪くなるので、煮すぎに気をつけてください。

材料（2〜3人分）
小松菜……2株（40g）
油揚げ……⅓枚
かつおだし……2カップ
みそ……大さじ1〜1・½

① 小松菜は食べやすい長さに切る。油揚げは1枚に開いて、細切りにする。
② 鍋にかつおだしを入れて火にかける。温まったら①を加えてさっと煮て、みそを溶き入れる。

練馬大根汁

江戸時代から栽培されている東京都練馬区の特産「練馬大根」を使った味噌汁。江戸っ子が作る大根の味噌汁はマッチ棒くらいの細切り大根のみとよく聞きます。江戸っ子のイメージどおり潔い！　シンプルながら、大根と味噌の相性のよさを味わえます。

材料（2〜3人分）
大根……6〜7㎝（200g）
かつお昆布だし……2カップ
みそ……大さじ1〜1・½

① 大根は長めの細切りにする。
② 鍋にかつお昆布だしを入れて火にかけ、温まったら①を入れてやわらかく煮て、みそを溶き入れる。

どじょう汁

東京の名物料理のひとつである「どじょう鍋」を汁ものにアレンジ。今は珍しいどじょうも昭和の頃までは町の魚屋さんで売っていて、身近な食材として食べられていました。どじょう特有のほろ苦さは、香りのよいごぼうによって引き立ちます。

材料（2〜3人分）
ごぼう……10cm（50g）
大根……1cm（30g）
どじょう（泥をはかせたもの）……10匹
酒……大さじ1
かつおだし……2カップ
みそ……大さじ2
粉山椒……適量

①ごぼうはささがきにし、水にさらす。大根は細切りにする。
②どじょうは生きたままポリ袋に入れ、酒を加える。かなり暴れるので飛び出さないように口を縛っておく。ボウルの場合は酒と同時にふきんをかぶせると処理しやすい。
③鍋にかつおだしを入れて火にかけ、温まったら①、②を入れて煮る。どじょうに火が通ったら、みそを溶き入れる。
④器に盛り、粉山椒をふる。

神奈川県

けんちん汁

神奈川県鎌倉市にある建長寺の精進料理から伝わったとされる汁もの。
精進料理なので
肉は使わずに作ります。
材料の根菜や豆腐をごま油で炒めて風味を出すのがポイントです。
豆腐は大きめに切り、
食べごたえを出しました。
豆腐を焼きつけることで
香ばしさが加わって旨みが増します。

材料（2～3人分）

大根……2.5cm（80g）
にんじん……⅕本（30g）
ごぼう……4cm（20g）
里いも……小2個（60g）
こんにゃく……50g
木綿豆腐……½丁（150g）
ごま油……小さじ2
昆布だし……2・½カップ
A しょうゆ……小さじ2
　塩……少量

作り方

① 大根、にんじんは厚めのいちょう切りに、ごぼうは短冊切りにして水にさらす。里いも、こんにゃくは小さめの一口大に切り、こんにゃくは熱湯でゆでる。木綿豆腐は大きめの一口大に切る。
② 鍋にごま油と①の豆腐を入れ、中火にかけて焼きつけ、残りの①を加えて豆腐をくずさないようにさっと炒める。
③ 昆布だしを加えて野菜がやわらかくなるまで煮て、Aで味をととのえる。

中部地方

東海、甲信越、北陸からなる
中部地方は、それぞれに特徴もさまざま。
日本海側は、海の幸や海藻を使った汁ものが多く、
北陸では、精進料理の影響もあり、
植物性の食材だけを使った汁ものも目立ちます。
内陸部では、山の幸や蕎麦・小麦の食文化が
中心となっていて、
その影響が汁ものにも出ています。
太平洋側は、高温多湿の土地柄
長期熟成ができる「豆味噌」の汁ものが
主流となっています。
この地方では味噌造りも盛んで、
ほうとうなどに使われる「甲州味噌」、
淡色で辛口の「信州味噌」、
八丁味噌で知られる
濃厚な旨みと渋みが特徴の
豆味噌などがあります。

新潟県

のっぺい汁

新潟県の代表的な汁もの。
〝のっぺい〟の呼び名は、
汁に粘り気があり
餅のようであることから
漢字で「濃餅」と書くことに由来します。
他地域にも同じような汁がありますが、
新潟ののっぺい汁は
鮭やいくらなどの海産物が入り、
水から煮た里いもによる自然な
とろみがついているのが特徴。
貝柱と干ししいたけの風味が格別です。

材料（2〜3人分）

里いも……2〜3個（120g）
にんじん……⅕本（30g）
ごぼう……6㎝（30g）
しめじ……30g
干ししいたけ……1〜2枚
干し貝柱……3個
昆布だし……2・½カップ
A［しょうゆ……小さじ1〜2
　 塩……少量
いくら……適量

作り方

①鍋に干し貝柱、昆布だしを入れて冷蔵庫にひと晩おく。干ししいたけは水に浸してもどし、薄切りにする。もどし汁大さじ2はとっておく。
②里いも、にんじん、ごぼうは短冊切りにし、ごぼうは水にさらす。しめじは小房に分ける。
③①の鍋にしいたけ、もどし汁、②を入れて火にかける。野菜がやわらかくなったらAで味をととのえる。器に盛っていくらをのせる。

新潟県

スケトの沖汁

たらとねぎを煮込んだ、新潟県佐渡地方の郷土汁。もともとは佐渡沖でとれたスケトウダラを船上で調理した漁師めしです。たらから旨みが出るので、レシピは昆布出汁で作りましたが、佐渡ではあご出汁を使うことが多いそうです。

材料（2〜3人分）
生たら（切り身）……2切れ
長ねぎ……1本
にんじん……1/5本（30g）
生しいたけ……1枚
昆布だし……2カップ
みそ……大さじ1〜1・1/2
塩……適量

①長ねぎは1cm幅の輪切りに、にんじんは短冊切りにする。生しいたけは半分に切り、軸ごと薄切りにする。
②生たらに塩を軽くふって約10分おき、表面の水分をしっかり拭いて一口大に切る。
③鍋に昆布だしを入れて火にかけ、温まったら①、②を入れて煮る。火が通ったらみそを溶き入れる。

新潟県

鶏汁

新潟県佐渡地方の郷土汁。かつては家庭で飼っていた鶏をしめて作ったご馳走として親しまれていたそう。素朴な具材をあっさりとした鶏出汁で煮た、ほっとする味わいです。

材料（2〜3人分）
鶏もも肉……80g
ごぼう……10cm（50g）
焼き豆腐……¼丁（75g）
こんにゃく……30g
だし（好みのもので）……2カップ
A
しょうゆ……小さじ2
酒……小さじ1
塩……少量

①鶏もも肉は小さめの一口大に切る。ごぼうは細切りにして水にさらす。
②焼き豆腐は1cm厚さに切り、こんにゃくは下ゆでして薄切りにする。
③鍋にだし、①を入れて火にかける。ふつふつ沸いたら②を入れて火が通るまで煮て、Aで味をととのえる。

富山県

なすびとそうめんのおつけ

なすが旬の夏の食卓には欠かせない一品。富山ではなすを〝なすび〟、味噌汁を〝おつけ〟というそう。食欲のない時期でもさっぱりといただけます。汁が黒くにごらないように、なすは切ってから水にさらしてしっかりアクを抜いてください。

材料（2〜3人分）
なす……1本
そうめん（乾麺）……20g
かつおだし……2カップ
みそ……大さじ1〜1・½
みょうが（小口切りにして水にさらす）……適量

①なすは薄切りにし、水にさらしてアクを抜く。
②そうめんは熱湯で表示通りにゆでて冷水で締める。
③鍋にかつおだしを入れて火にかけ、温める。①を入れてさっと煮て、②を加えてひと煮する。
④みそを溶き入れて器に盛り、みょうがの水気をきってのせる。

富山県

とろろ昆布のすまし汁

昆布の消費量の多い富山で、よく食されている定番の家庭料理。塩昆布の塩気がほどよいアクセントになります。塩や醤油で味つける他、塩昆布や梅干し、焼いた塩鮭など、味出しとなるものを加えたアレンジもぜひお試しを。

材料（2人分）
とろろ昆布……適量
塩昆布（細切り）……適量
だし（好みのもので）……1・½カップ

① 鍋にだしを入れて温める。
② 器にとろろ昆布、塩昆布を入れ、①をはる。

石川県

めった汁

めったに食べられないお肉が入っていることと、やたらめったら具を入れることからこの名がついたとか。必ず入れるさつまいもと豚肉以外はどんな具材を入れてもいいそうです。さつまいもの甘みが味噌の風味を引き立てます。

材料（2〜3人分）

豚ばら薄切り肉……80g
さつまいも……小½本（100g）
大根……2cm（60g）
にんじん……¼本（40g）
ごぼう……5cm（25g）
長ねぎ……8cm
油揚げ……⅓枚
かつおだし……2・½カップ
みそ……大さじ1・½〜2
しょうゆ……少量

① さつまいも、大根、にんじんは一口大に切り、さつまいもは水にさらしてアクを抜く。ごぼう、長ねぎは輪切りにし、ごぼうは水にさらす。油揚げ、豚ばら薄切り肉は食べやすく切る。

② 鍋にかつおだしと①を入れて煮る。野菜がやわらかくなったら、みそを溶き入れてしょうゆで味をととのえる。

石川県

小豆汁

石川県をはじめ北陸地方で食されている郷土汁。大根は先にやわらかく煮てください。煮くずれた小豆に大根の食感がよく合います。甘みをつけないゆであずきと出汁で作ることもありますが、黒糖で味つけしたゆであずきにほんの少し塩味をきかせるのもおすすめです。ここでは缶詰を使い、あずきをゆでる工程を省いています。

材料（2〜3人分）
ゆであずき（缶詰）……½カップ
大根……1cm（30g）
絹ごし豆腐……1/10丁（30g）
水……1カップ
塩……少量

① 絹ごし豆腐はペーパータオルにのせて軽く水切りし、さいの目に切る。大根もさいの目に切る。
② 鍋に水、①の大根を入れて火にかけ、やわらかく煮る。①の豆腐とゆであずきを加えてひと煮し、塩で味をととのえる。

福井県

打ち豆汁

水でもどした大豆を木槌でつぶし、乾燥させた「打ち豆」を入れた日々のお味噌汁。打ち豆は、雪深い地方の冬の貴重なたんぱく源としてさまざまな料理に使われます。根菜類もたくさん入った栄養満点な汁ものです。

材料（2～3人分）
打ち豆＊……10g
にんじん……¼本（40g）
大根……2㎝（60g）
里いも……2～3個（120g）
油揚げ……⅓枚
昆布だし……2・½カップ
みそ……大さじ1・½～2
青ねぎ（小口切り）……適量

＊大豆を石臼の上で叩いてつぶし、乾燥させたもの。

① 野菜と油揚げは一口大に切る。
② 鍋に昆布だし、①、打ち豆を入れて煮る。
③ 具材がやわらかくなったらみそを溶き入れ、器に盛って青ねぎを散らす。

ぼっかけ汁

ご飯の上にあつあつの汁をかけた、福井県に伝わる郷土料理。「ぶっかける」が変化して〝ぼっかけ〟に。ご飯と一緒にさらさらと食べられるよう、具材は細く揃えて切り、味つけも少し濃いめに作ります。食欲のないときやお酒の後におすすめ。

材料（2〜3人分）

ご飯（温かいもの）……茶碗2〜3杯分
ごぼう……5㎝（25g）
にんじん……⅕本（30g）
油揚げ……½枚
糸こんにゃく……70g
昆布だし……2カップ
A
しょうゆ……小さじ2
酒……小さじ2
塩……ひとつまみ

①ごぼう、にんじん、油揚げは細切りにし、ごぼうは水にさらしてアクを取る。糸こんにゃくは下ゆでし、食べやすい長さに切る。

②鍋に昆布だしを入れて火にかけ、温まったら①を入れる。野菜がやわらかくなったら**A**を加えて味をととのえる。

③器にご飯を盛り、②をかける。

福井県

めかぶの味噌汁

福井県沿岸では、春になると海女さんによる天然のわかめ漁が行われます。わかめの産地なら必ず生めかぶも手に入り、日常のお味噌汁の具として親しまれています。レシピは乾燥を使うので、産地でなくても手軽に通年楽しめます。めかぶは、食感を残すために、味噌を溶き入れる少し前に入れてください。

材料（2人分）
めかぶ（乾燥）＊……10g
かつおだし……1・½カップ
みそ……大さじ1
＊生の場合は下ゆでしてせん切りにする。

① めかぶは水に浸してもどし、水気をきって食べやすい長さに切る。
② 鍋にかつおだしを入れて火にかけ、温める。①を入れてさっと煮て、みそを溶き入れる。

たけのこ汁

北信濃地方では細長い「根曲がり竹」が春から秋にかけてよくとれるので水煮にして瓶詰めで保存し、畑の収獲のない冬季にこの汁を作って温まります。根曲がり竹は手に入りにくいので、水煮たけのこで作ってもいいです。さばのコクと旨みが味噌に溶け込み、深い味わいに。

材料（2〜3人分）
根曲がり竹（水煮）＊……60g
じゃがいも……小2個（150g）
大根……3㎝（90g）
さばの水煮（缶詰。味つきでも可）……½缶（85g）
昆布だし……2カップ
みそ……大さじ1〜1・½
＊千島笹の若竹のこと。細いが肉厚で歯ごたえがある。雪の重みで根元が曲がっているものが多いことから、東北や信越ではこう呼ぶ。

①根曲がり竹は食べやすい長さに切る。じゃがいも、大根は短冊切りにする。
②鍋に昆布だし、①、さばの水煮を缶汁ごと入れて火にかけ、野菜がやわらかくなるまで煮る。味をみてみそを溶き入れる。

長野県

きのこ汁

長野では9〜11月にかけてきのこ狩りが盛んになり、野生のきのこを収穫して汁ものや鍋にします。シャキシャキとした食感と風味がたまらない汁ものです。醤油味でもおいしいですが、ここでは信州の米味噌で仕立てました。

材料（2〜3人分）
きのこ＊……合わせて300g
木綿豆腐……½丁（150g）
だし（好みのもので）……2カップ
みそ……大さじ1〜1・½
＊しめじ、ひらたけ、生しいたけ、えのきたけ、エリンギなどから好みのきのこを数種交ぜると旨みが増しておいしい。

①きのこは食べやすい大きさにする。木綿豆腐はペーパータオルにのせて軽く水切りする。
②鍋にだしを入れて火にかけ、温まったら①のきのこを入れて煮る。きのこの旨みが十分に出たら、豆腐を手でくずし入れる。ひと煮してみそを溶き入れる。

おつけ団子汁

山梨県大月市の郷土汁。ほうとうと同じく小麦粉を練って作る団子入りで食べごたえのある一品です。味噌仕立てが主流ですが、家庭によっては醤油や塩仕立てにすることも。季節の野菜と一緒に煮る日々の汁ものです。

材料（2〜3人分）

大根……1.5cm（40g）
にんじん……⅕本（30g）
じゃがいも……1個（100g）
しめじ……40g
A［薄力粉……40g
水……大さじ1〜2
かつおだし……2・½カップ
みそ……大さじ1・½〜2
長ねぎ（小口切りにして水にさらす）……5cm分

① 野菜はすべて小さめの一口大に切る。しめじはほぐす。
② ボウルにAを合わせて練り混ぜ、まとまったらラップに包んで常温で30分ほど寝かせる。
③ 鍋にかつおだしと①を入れて火にかける。野菜がやわらかくなったら、②を一口大につまんで入れ、浮き上がるまで煮る。
④ 団子に透明感が出たらみそを溶き入れ、器に盛る。長ねぎの水気をきってのせる。

とろろ汁

本来は粘りの強い天然の自然薯《じねんじょ》をすりおろしますが、今回は手に入りやすい長いもで作り、麦ご飯にかけて食べるとろろ汁に仕上げました。とろろと麦ご飯の味を楽しむために、味つけはできるだけ控えめにし、出汁で風味を出しました。出汁は温かいものでも冷たいものでもお好みで合わせます。

材料（2〜3人分）
長いも（皮つき）……150g
かつおだし……½〜1カップ
みそ……大さじ1
薄口しょうゆ……少量
麦ご飯（温かいもの）……約茶碗2杯
青のり（またはのり。好みで）……適量

① 長いもは皮つきのままよく洗い、火でひげ根をあぶってひげ根がちりちりと焼けて取れたら、皮つきのまますりおろしてボウルに入れる。
② ①にかつおだしを少しずつ加えてよく混ぜ合わせ、みそを溶き入れて薄口しょうゆを加え、味をととのえる。
③ 器に麦ご飯を盛って②をかけ、青のりをのせる。

静岡県

さば汁

静岡県の沼津や焼津あたりで水揚げされる、さばを使った郷土汁。さばから出る出汁をベースに少量の味噌と醤油でさっぱりと仕上げます。さばの臭み消しにも味噌を加えて作りました。

材料（2〜3人分）

さば（三枚におろして骨や皮を除いたもの）……150g

A
- 長ねぎ（みじん切り）……10cm分
- みそ……小さじ2
- 片栗粉……小さじ2

絹ごし豆腐……⅓丁（100g）

昆布だし……2カップ

みそ……小さじ1

しょうゆ……小さじ1

長ねぎ（小口切り）……5cm分

① 絹ごし豆腐はペーパータオルにのせて水切りし、一口大に切る。

② さばは身をスプーンや包丁でこそげ、Aを加えて包丁で叩きながら粘りが出るまで混ぜる。

③ 鍋に昆布だしを入れて火にかけ、温まったら②のさばを手で丸めて落とし入れる。5分ほど煮たら、①と長ねぎを加えてひと煮する。

④ 味をみてみそを溶き入れ、しょうゆで味をととのえる。

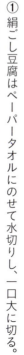

愛知県

赤だし味噌汁

この地方でよく使われる「八丁味噌」を使ったお味噌汁。濃い色と濃厚な風味が特徴で、火を入れても味噌の風味が飛びにくいのがポイントです。赤だし味噌とは八丁味噌と出汁を合わせたもの。なめこと豆腐のシンプルな具材ですが、炊きたての白いご飯との相性は格別。

材料（2〜3人分）
木綿豆腐……120g
なめこ……70g
煮干しだし……2カップ
八丁みそ（赤だしみそでも可）……大さじ1〜1・½
長ねぎ（小口切りにして水にさらす）……少量

① 木綿豆腐はペーパータオルにのせて軽く水切りしてから一口大に切る。
② 鍋に煮干しだしを入れて火にかけ、温まったら①、なめこを入れてさっと煮る。小さいボウルに八丁みそと少量のだしを入れて溶き混ぜてから鍋に入れ、味をととのえ、器に盛る。長ねぎの水気をきってのせる。

白菜汁

とろみと濃厚な旨みが特徴のたまり醤油を使った汁もの。白菜の甘みによく合います。なければご家庭にある醤油でも構いません。白菜の甘みが口いっぱいに広がりつつしょうがの搾り汁がぴりりとアクセントに。寒い季節に体がポカポカと温まる一椀です。

材料（2人分）
白菜……3枚
里いも……小2個（75g）
油揚げ……⅓枚
だし（好みのもので）……2・½カップ
A ┌ たまりじょうゆ……小さじ2
　│ みりん……小さじ1
　└ 塩……少量
しょうがの搾り汁……小さじ1

①白菜はざく切り、里いもは小さめの一口大に切る。油揚げは開いて短冊切りにする。
②鍋にだし、①の白菜の軸、里いも、油揚げを入れて火にかける。里いもがやわらかくなったら残りの白菜を加えて煮る。
③やわらかく煮えたらAで味をととのえ、火を止めてしょうがの搾り汁を加える。

岐阜県

つぎ汁

赤唐辛子を出汁と一緒に煮出すので、別名「辛汁」とも呼ばれています。かつて、この汁を「注《つ》ぎまわった」ことから名づけられたとも。上品なすまし汁にピリッとした辛さが残る個性的な一椀。赤唐辛子を割って種を出して入れると、辛みがぐっと増します。

材料（2〜3人分）

絹ごし豆腐……200g

赤唐辛子……5本

かつおだし……2・½カップ

A
- 塩……小さじ¼
- 酒……小さじ1
- 薄口しょうゆ……小さじ½

① 鍋にかつおだし、赤唐辛子を入れて火にかけ、弱めの中火で15分ほど煮出して赤唐辛子の辛みをだしにうつす。

② 絹ごし豆腐はさいの目に切る。

③ ①の赤唐辛子を取り除き、**A**を加えて味をととのえ、②を入れてひと煮する。

岐阜県

冬瓜汁

古くから岐阜県で親しまれている郷土汁。冬瓜《とうがん》は夏野菜ですが、切らずにおけば冬まで保存がききます。出汁と鶏肉の旨みが絶妙で、味がしみてトロトロになった冬瓜がほっとする味わいです。

材料（2〜3人分）

冬瓜……150g
鶏もも肉……60g
にんじん……⅕本（30g）
干ししいたけ……1枚
油揚げ……¼枚
だし（好みのもので）……2・½カップ
A［酒……小さじ2
　しょうゆ……小さじ2］
片栗粉……小さじ2

① 干ししいたけは水に浸してもどし、にんじん、鶏もも肉と冬瓜ともに小さめの一口大に切る。もどし汁大さじ2はとっておく。油揚げは細切りにする。
② 鍋にだしと①を入れ、冬瓜がやわらかくなるまで煮る。
③ **A**を加えて味をととのえ、片栗粉を倍量の水（分量外）で溶いて加え、よく混ぜてとろみをつける。

岐阜県

こくしょ

岐阜県恵那《えな》市周辺に伝わる郷土汁。名前の由来は濃い味噌汁を意味する「濃漿《こくしょう》」から。根菜と豆腐の旨みを含んだ汁にコクのあるたまり醤油を合わせた具だくさんの食べごたえのある汁ものです。しいたけの旨みとごぼうの香りがたまりません。

材料（2〜3人分）

里いも……2〜3個（120g）
大根……1.5cm（50g）
にんじん……1/5本（30g）
ごぼう……6cm（30g）
生しいたけ……1枚
こんにゃく……40g
油揚げ……1/3枚
絹ごし豆腐……1/4丁（75g）
かつおだし……2・1/2カップ
A［たまりじょうゆ……小さじ1
　みそ……小さじ2〜3
　塩……少量

作り方

① 絹ごし豆腐はペーパータオルにのせて軽く水切りする。すべての具材を1cm角に切る。ごぼうは水にさらし、こんにゃくは熱湯でさっとゆでる。

② 鍋にかつおだしを入れ、豆腐以外の①を加えて火にかける。具材がやわらかくなったら①の豆腐を入れ、Aを加えて味をととのえる。

近畿地方

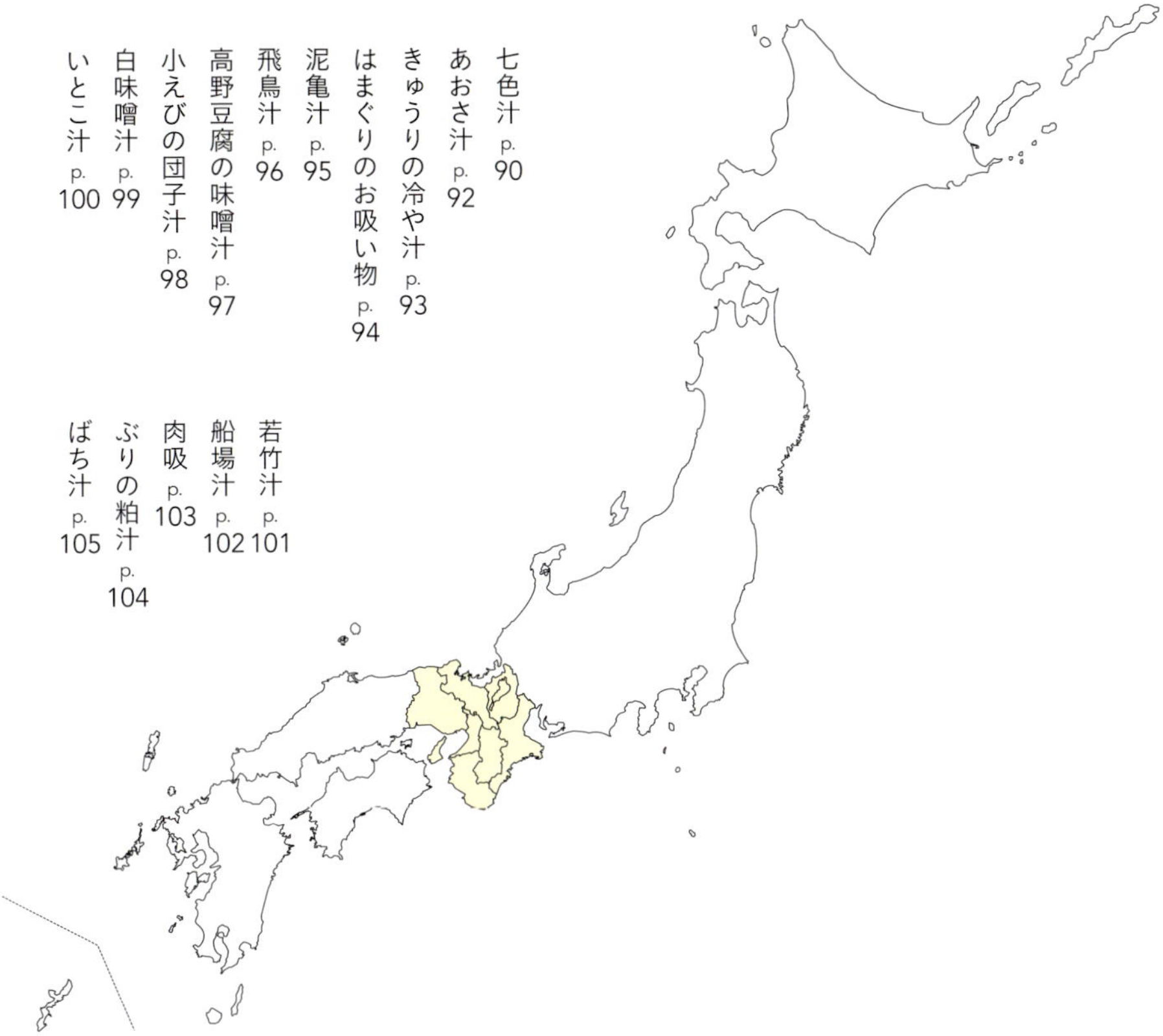

関西では、
北海道から大阪へ北前船で運ばれてきた昆布によって、「昆布出汁」文化が根づいています。
〝出汁〟の味を堪能できるよう、
色や香りが抑えられた
「淡口（＝薄口）醤油」を風味づけ程度に使い、
透き通った汁に仕立てることが多いです。
米麹の割合を高めた甘い
「白味噌」が存在するのも、
上品さと贅沢さを追求した京都ならでは。
また、紀伊半島南岸では、
太平洋でかつおが獲れるため、
かつお出汁文化もあります。

七色汁

三重県伊勢地方で食されている郷土汁。
「盆汁」とも呼ばれ、
お盆に仏様にお供えする食事のひとつ。
精進料理なので
旬の夏野菜を盛り込んで
七色の具を揃えて作ります。
地元では、赤い彩りとして芋がら（ずいき）
を入れて作るそうですが、
手に入りにくいので、
みょうがを入れました。

材料（2〜3人分）
なす……1本
かぼちゃ……1/12個（100g）
きゅうり……1本
冬瓜……50g
さやいんげん……3本
油揚げ……1/2枚
昆布だし……2・1/2カップ
八丁みそ（赤だしみそでも可）……大さじ1〜1・1/2
みょうが（小口切りにして水にさらす）……適量

作り方
① なすは乱切りにし、水にさらしてアクを抜く。かぼちゃはところどころ皮をむき、きゅうり、冬瓜とともに一口大に切る。さやいんげんは2㎝長さに切る。油揚げは細切りにする。
② 鍋に昆布だしと①を合わせてやわらかくなるまで煮る。
③ 八丁みそを小さいボウルに少量のだしを入れて溶き混ぜてから鍋に入れる。器に盛り、みょうがの水気をきってのせる。

三重県

あおさ汁

三重県特産の海藻「あおさ」を使った汁もの。あおさは最後にさっと入れるとふわりと広がり、香りが立ちます。あおさの風味が口いっぱいに広がるやさしい味わい。あおさの色を生かすため、醤油は薄口を選びました。

材料（2人分）

あおさ（乾燥）……5g

だし（好みのもので）……1・½カップ

薄口しょうゆ……小さじ1・½

①鍋にだしを入れて火にかけ、温まったらあおさを入れひと煮する。薄口しょうゆを加えて味をととのえる。

三重県

きゅうりの冷や汁

麦ご飯に冷たい味噌汁をかけてお茶漬けのようにさらさらといただく汁もの。伊勢たくあんが有名な三重県なので、冷や汁にも添えます。きゅうりとたくあんの食感が心地よく、お酒の後や食事を簡単に済ませたいときなどにもおすすめです。

材料（２人分）
たくあん……薄切り５枚（15g）
きゅうり……½本
かつおだし……１・½カップ
みそ……大さじ１〜１・½
麦ご飯……茶碗約２杯分
白すりごま……小さじ１

①かつおだしにみそを溶き入れて冷やす。
②たくあんは細切り、きゅうりは輪切りにする。
③器に麦ご飯を盛って①をかけ、②をのせて白すりごまをふる。

はまぐりのお吸い物

大きくて肉厚なはまぐりが有名な三重県桑名市。そのはまぐりを主役にしたお吸い物です。はまぐりの旨みが存分にしみ出た、滋味深い味わい。はまぐりは固くなるので、煮すぎないように注意します。

材料（2人分）

はまぐり……4個
昆布だし……1・½カップ
青ねぎ（2㎝長さ）……適量
A［薄口しょうゆ……少量
　 塩……少量

① はまぐりは3％の塩水に入れ、蓋をし冷蔵庫でひと晩おいて砂をはかせる。殻ごとよく洗う。

② 鍋に昆布だし、①を入れて火にかけ、ふつふつと沸いてきたら弱火にする。はまぐりの口が開いたら取り出して器に入れる。汁は濾す。

③ 鍋に②の汁を戻し入れて温め、味をみて**A**で味をととのえる。②の器に注ぎ入れて青ねぎをちらす。

滋賀県

泥亀汁

かつて商人たちが夏バテ防止のために食べていたという郷土汁。泥亀《どんがめ》とは、〝すっぽん〟のことを指し、なすがすっぽんに見えることからこの名がついたともいわれています。焼いたなすの香ばしさとごまの香りがきいたお味噌汁です。

材料（2〜3人分）
なす……2本
ごま油……大さじ1
白いりごま……大さじ1
みそ……大さじ1〜1・½
かつおだし……2カップ

① なすは縦半分に切って皮に包丁で格子状の切り目を入れる。水にさらしてアクを抜く。
② 白いりごまはすり鉢ですり、みそを加えてさらにすり混ぜる。
③ 鍋にごま油と①の水気を拭いて入れて火にかけ、両面をこんがり焼く。かつおだしを加えて温め、②を加えてひと煮する。

奈良県

飛鳥汁

飛鳥時代に中国から伝わったという汁もの。牛乳が入るので、クリームシチューのようなまろやかな味わいに。具に味がしみこむよう、出汁でしっかり野菜と肉を煮込んでください。

材料（2〜3人分）

鶏もも肉……80g
にんじん……1/5本（30g）
ごぼう……5cm（25g）
白菜……1枚
水菜……1株（50g）
生しいたけ……1枚
かつおだし……2カップ
牛乳……1カップ
白みそ……大さじ2

①鶏もも肉は一口大に切り、にんじん、ごぼうは短冊切りにし、ごぼうは水にさらす。白菜、水菜は食べやすい大きさに切る。生しいたけは軸ごと薄切りにする。

②鍋にかつおだしを入れて火にかけて温め、①の水菜以外の具材を入れてやわらかくなるまで煮る。

③牛乳を加えて弱火にし、温まったら①の水菜を加え、白みそを溶き入れて、ひと煮する。牛乳を加えたら沸騰させないように注意してください。

高野豆腐の味噌汁

和歌山県名産の高野豆腐を使った日々のお味噌汁。高野豆腐は味を十分しみこませるために、ぬるま湯でもどした後によく水気をきることが大切です。味のしみた大根と好相性。ほっとする一椀です。

材料（2〜3人分）
高野豆腐（5cm角1cm厚さのもの）……1枚
大根……1.5cm（40g）
かつおだし……2カップ
みそ……大さじ1〜1・½
青ねぎ（斜め切り）……適量

①高野豆腐はぬるま湯に浸けてもどし、両手ではさんで水気をしっかり絞り、一口大の拍子木切りにする。大根も拍子木切りにする。
②鍋にかつおだし、①を加えて大根がやわらかくなるまで煮る。
③みそを溶き入れて器に盛り、青ねぎをのせる。

和歌山県

小えびの団子汁

和歌山県沿岸の郷土汁で、ぷりぷりとしたえびの食感が楽しめます。えびのすり身で作った団子から、旨みがたっぷり出るので、出汁は昆布であっさりと仕上げました。

材料（2〜3人分）
むきえび……200g
A
- 玉ねぎ（みじん切り）……¼個分（60g）
- 片栗粉……小さじ2
- 塩……小さじ⅓
- 酒……大さじ1

昆布だし……2・½カップ
B
- 塩……小さじ½
- 薄口しょうゆ……少量

青ねぎ（小口切り）……適量

① むきえびは背わたを取り除き、塩水でよく洗う。水気を拭いて細かく切り、粘りが出るまで包丁でよく叩いて、ボウルに入れる。**A**を加えてよく練る。

② 鍋に昆布だしを入れて温め、①をスプーン2本を使って形を整えて入れる。

③ 5分ほど煮て火が通ったら、味をみて**B**で味をととのえ、器に盛って青ねぎを散らす。

白味噌汁

京都で好まれている白味噌のお味噌汁。お雑煮もこの白味噌を使って作ります。白味噌を使うと甘めに仕上がり、里いものねっとりとした口当たりとよく合います。皮をむいた里いもは乾いたふきんでぬめりを拭き取ると、下ゆでする必要がありません。

材料（2〜3人分）
里いも……3個（120g）
昆布だし……2・½カップ
白みそ……大さじ2
ゆずの皮（せん切り）……少量

①里いもは皮をむいて一口大に切り、乾いたふきんで表面のぬめりを拭き取る。
②鍋に昆布だし、①を入れて火にかけ、やわらかくなるまで煮る。
③白みそを溶き入れてひと煮し、みその味を含ませる。器に盛ってゆずの皮をのせる。

京都府

いとこ汁

京都府で祭事に伝わる伝統料理。精進料理なので、肉や魚は入れずにあずきのコクとかぼちゃの濃厚な甘みを味わいます。あずきは別ゆでしてやわらかく煮てから出汁に加えます。なすとかぼちゃをやわらかく煮るのがおいしさのポイントです。

材料（2〜3人分）
あずき（乾燥）……大さじ2
なす……1本
かぼちゃ……1/8個（150g）
昆布だし……2カップ
白みそ……大さじ1
A［薄口しょうゆ……小さじ2
　塩……少量

① あずきは水からやわらかくなるまで煮ておく。
② なすは乱切りにし、5分ほど水に浸けてアクを抜く。かぼちゃは一口大に切って面取りする。
③ 鍋に昆布だし、②のかぼちゃを入れて火にかけ、温まったらなすを加えてやわらかく煮る。あずきを加えて白みそを溶き入れ、Aで味をととのえる。

若竹汁

春の味覚「若布《わかめ》」と、「竹《たけ》の子《こ》」を合わせたすまし汁。京都の人はたけのこがとれると〝初もの〟としてこの汁を味わうそう。わかめも新ものの生があればぜひ使ってください。木の芽の爽やかな風味がきいた春の香りいっぱいの味わいです。

材料（2人分）
わかめ（もどしたもの）……15g
たけのこの穂先（下ゆでしたものまたは水煮）……50g
A［だし（好みのもので）……1・½カップ
　薄口しょうゆ……小さじ½
　塩……ふたつまみ
山椒の葉……適量

① わかめは食べやすく切り、たけのこは薄切りにする。
② 鍋に**A**を入れて火にかけ、温まったら①のたけのこを入れてひと煮し、わかめを加える。器に盛って山椒の葉をのせる。

大阪府

船場汁

大阪商人の町「船場」で生まれた塩さばのすまし汁。本来は身を焼いて食べた後のあらを煮出して、野菜を合わせて作ります。ここでは生の身を薄く切って作りました。さばの旨みがしみ出たコクのある汁ですが、しょうがのせん切りが入るのでさっぱりといただけます。

材料（2〜3人分）

さば……80g
大根……2cm（60g）
にんじん……⅕本（30g）
しいたけ……1枚
しょうが……1片
昆布だし……2・½カップ
A［塩……小さじ⅓
　薄口しょうゆ……小さじ1〜2
せり（ざく切り）……適量

① さばは骨を除いて、食べやすい幅に切る。しょうがはせん切りにする。
② 大根、にんじんは細切りに、しいたけは薄切りにする。
③ 鍋に昆布だしと②を入れてやわらかく煮る。①を加えひと煮する。
④ 味をみて**A**で味をととのえ、器に盛ってせりをのせる。

肉吸

大阪府のご当地料理。肉うどんからうどんを抜いた汁椀で家庭料理として親しまれています。あっさりとした味ながら、肉のボリューム感を味わえるので、ご飯のおかずとしても。牛肉は多少脂のある切り落としを使うことで旨みが出ます。ねぎの香りをきかせるために煮すぎず香りよく仕上げてください。

材料（2〜3人分）
牛切り落とし肉……150g
絹ごし豆腐……½丁（150g）
かつおだし……2カップ
A
しょうゆ……小さじ2
塩……ふたつまみ
酒……少量
ねぎ（九条ねぎやわけぎなど。小口切り）……2本分

① 牛切り落とし肉は大きければ一口大に切る。絹ごし豆腐はペーパータオルにのせて軽く水切りしてから一口大に切る。
② 鍋にかつおだしを入れて火にかけ、温める。①の牛肉を入れてさっと煮て、豆腐を加える。
③ **A**で味をととのえてねぎを加え、ひと混ぜしてすぐに火を止める。

兵庫県

ぶりの粕汁

酒蔵の多い土地柄、酒粕を使った料理が豊富な兵庫県。魚と相性のいい酒粕に、白味噌を加えて仕上げた、体が温まる汁です。粕汁は鮭かぶりのあらを入れて作りますが、食べやすいようにぶりの切り身で作りました。

材料（2〜3人分）
ぶり（切り身）……1切れ
塩……小さじ⅓
大根……2㎝（60g）
にんじん……⅕本（30g）
ごぼう……5㎝（25g）
酒粕……80g
昆布だし……2・½カップ
白みそ……大さじ1・½〜2
A［塩……少量
　薄口しょうゆ……少量
青ねぎ（小口切り）……適量

①大根、にんじん、ごぼうは細切りにし、ごぼうは水にさらしてアクを抜く。酒粕は昆布だしを少量加えてやわらかくする。
②ぶりは塩をふって約10分おき、ペーパータオルで水気を拭いて一口大に切る。熱湯でさっと湯通しする。
③鍋に昆布だしと①の野菜を入れて煮る。少しやわらかくなったら②、①の酒粕を入れてひと煮する。白みそを溶き入れ、Aで味をととのえ、器に盛って青ねぎをのせる。

兵庫県

ばち汁

兵庫県淡路島の特産、そうめんと玉ねぎを入れた汁もの。兵庫県で〝ばち〟とはそうめんの両端を切り落とした部分のことで、三味線を弾く「ばち」に似ていることからその名がつきました。玉ねぎの甘みとそうめんの塩気が絶妙な味わいです。

材料（2～3人分）

ばち（そうめんでも可）……30g
玉ねぎ……½個（100g）
にんじん……⅕本（30g）
干ししいたけ……1枚
油揚げ……¼枚
だし（好みのもので）……2カップ
A
しょうゆ……小さじ2
みりん……小さじ1
塩……少量
青ねぎ（小口切り）……適量

① 干ししいたけは水に浸してもどし、薄切りにする。もどし汁大さじ2はとっておく。玉ねぎは薄切りに、にんじんは短冊切りにする。油揚げは細切りにする。
② ばちは熱湯で表示通りにゆで、冷水で締める。
③ 鍋にだしと①を入れて煮る。野菜がやわらかくなったらA、②を加えてひと煮し、器に盛って青ねぎをのせる。

中国地方

かに汁 p.108
しじみ汁 p.109
のっぺい汁 p.110
きび団子汁 p.112
牡蠣の味噌汁 p.114
大平汁 p.115

日本海に接する山陰では、
九州北部と同じく、焼いたとびうおの
「あご」が作られ、「あご出汁」が多いです。
一方、小魚の水揚げの多い
瀬戸内海に接する山陽は、
いりこ（煮干し）出汁が広く使われています。
また、冬に水揚げされるずわいがにや、
宍道湖の七珍に数えられるしじみ、
広島名産の牡蠣など、
特産品を使った汁ものも特徴的です。

鳥取県

かに汁

ずわいがに漁が盛んな鳥取県で、漁師料理として生まれた冬の味覚を楽しむ汁もの。甘みが強く、繊細な味わいのずわいがにの旨みをたっぷり吸った大根も絶品です。かにはあらかじめ殻に切り込みを入れておくと食べやすいです。

材料（2〜3人分）
ゆでずわいがに（殻つき。足）……4本
大根……2㎝（60ｇ）
昆布だし……2カップ
みそ……大さじ1〜1・½
三つ葉（ざく切り）……適量

①大根は細切りにする。ずわいがには殻ごと食べやすい長さに切り、身が出しやすいよう縦に切り込みを入れる。
②鍋に昆布だしと①の大根を入れて火にかけ、やわらかくなるまで煮る。
③①のかにを加えてひと煮し、みそを溶き入れる。器に盛って三つ葉をのせる。

島根県

しじみ汁

宍道湖のしじみは「大和しじみ」という品種で、真しじみに比べてコクがあるのが特徴。濃厚な旨みがいっぱいのしじみの出汁と香りを楽しむために、昆布出汁で作ってください。ごぼうの香りともよく合います。

材料（2～3人分）

しじみ……200g
ごぼう……5㎝（25g）
昆布だし……2カップ
みそ……大さじ1～1½
三つ葉（ざく切り）……適量

① しじみは殻をこすり合わせてよく洗い、真水につけて冷蔵庫でひと晩おいて、砂をはかせる。
② ごぼうはささがきにして5分ほど水にさらしてアクを抜く。
③ 鍋に昆布だし、①、②を入れて火にかけ、ふつふつ沸いてきたら弱火にし、7～8分ほど煮て旨みを出す。
④ 味をみてからみそを溶き入れ、器に盛って三つ葉をのせる。

島根県

のっぺい汁

里いもやれんこん、にんじん、大根、こんにゃくなどの具材に鶏肉を加え、出汁で煮込んだものを「のっぺい」といい、島根県の津和野地方から全国各地に伝えられたといわれています。

島根県では、とろみがあり、砂糖の甘みがあるのが特徴です。色合いも豊かで、祝いの席では欠かせない汁ものです。

材料（2〜3人分）

鶏もも肉 …… 50g
里いも …… 大1個（80g）
にんじん …… 1/5本（30g）
れんこん …… 1/8節（30g）
ごぼう …… 6㎝（30g）
たけのこ（水煮）…… 30g
さやいんげん …… 3本
生しいたけ …… 1枚
こんにゃく …… 30g
だし（好みのもので）…… 2・1/2カップ

A
酒 …… 小さじ2
砂糖 …… 小さじ1/2
しょうゆ …… 小さじ1
塩 …… 小さじ1/4

片栗粉（またはくず粉）…… 小さじ1・1/2

作り方

①鶏もも肉、里いも、にんじん、れんこん、ごぼう、たけのこ、生しいたけは小さめの一口大に切る。こんにゃくは下ゆでして、一口大に切る。ごぼうは水にさらす。さやいんげんは小口切りにする。

②鍋にだし、①を入れて火にかけ、野菜がやわらかくなるまで煮る。Aを加えて味をととのえる。

③片栗粉を倍量の水（分量外）で溶いて加え、よく混ぜてとろみをつける。

岡山県

きび団子汁

きび粉で作った団子を入れた郷土汁。
岡山県はその昔、きびの産地でも
あったことからきび団子が
有名になりました。
本来はきび粉だけで作りますが、
ご飯と一緒に炊いて
団子を作りました。
具材の旨みが団子にからみ、
とっても美味。

材料（2〜3人分）

米……1合
もちきび……大さじ3
鶏もも肉……80g
長ねぎ……8cm
にんじん……⅕本（30g）
ごぼう……5cm（25g）
生しいたけ……1枚
片栗粉……小さじ1
かつおだし……2・½カップ
A［しょうゆ……小さじ2
　 塩……少量

作り方

①もちきびと米を合わせて通常のご飯の水加減で炊く。
②長ねぎは斜めに切り、にんじんとごぼうは乱切りにし、ごぼうは水にさらす。生しいたけはかさは薄切り、軸は細切りにする。鶏もも肉は一口大に切る。
③①の約⅓量をボウルに移して麺棒で粘りが出るまでつく。片栗粉を倍量の水（分量外）で溶き、手につけてピンポン球程度の大きさに10個丸める。
④フライパン（油なし）またはグリルやトースターで、③をこんがり焼く。
⑤鍋にかつおだしと②の長ねぎ以外を入れて野菜がやわらかくなるまで煮る。Aで味をととのえ、④と長ねぎを加えてひと煮する。

広島県

牡蠣の味噌汁

瀬戸内海の牡蠣の養殖が盛んな広島県の家庭では、牡蠣は汁ものや鍋ものには欠かせない冬の味覚。牡蠣は煮すぎると縮んで固くなるので、味噌を溶き入れる直前に入れてください。ぷりぷりの牡蠣の濃厚な旨みを味わう贅沢なお味噌汁です。

材料（2〜3人分）

かき（むき身）……6個
白菜……1枚
長ねぎ……10cm
せり……1株
しょうが……½片
いりこだし……2・½カップ
みそ……大さじ1・½〜2

①白菜、長ねぎ、せりは食べやすく切る。しょうがはせん切りにする。
②かきは塩水でふり洗いし、ペーパータオルにのせて水気をしっかり拭く。
③鍋にいりこだしと①を入れてやわらかく煮る。②を加えて再び沸いたらみそを溶き入れる。

大平汁

山口県東部の郷土汁。大きな平たい椀に盛ることから大平汁《おおひらじる》という名がついたともいわれています。お祝いの席などで食べられる具だくさんで煮もののような汁ものです。

材料（2〜3人分）

鶏もも肉……60g
れんこん……¼節（60g）
干ししいたけ……1枚
里いも……1個（60g）
ごぼう……5cm（25g）
にんじん……¼本（40g）
こんにゃく……60g
油揚げ……⅓枚
高野豆腐……3g
（5cm角1cm厚さのもの。麩でも可）
サラダ油……大さじ1
だし（好みのもので）……3カップ
A
しょうゆ……小さじ3
みりん……小さじ1
塩……少量

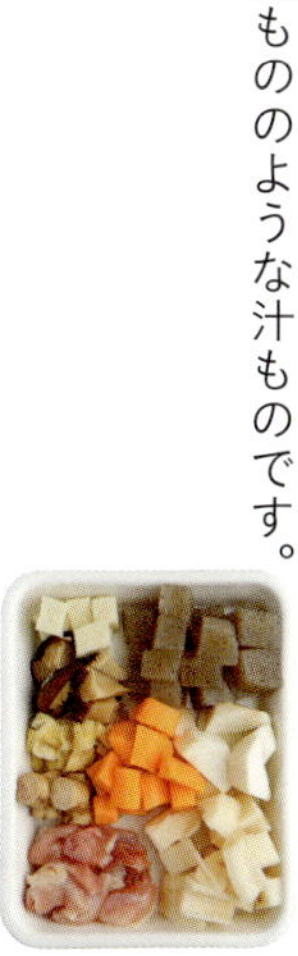

①干ししいたけ、高野豆腐はぬるま湯に浸けてもどし、高野豆腐は両手ではさんで水気をしっかり絞る。干ししいたけのもどし汁大さじ2はとっておく。具はすべて一口大の角切りにする。ごぼうは水にさらし、こんにゃくは下ゆでする。

②鍋にサラダ油と①のもどし汁以外を入れて中火で炒める。全体に油がまわったらだしを加えて野菜がやわらかくなるまで煮る。**A**、もどし汁を加えて味をととのえる。

四国地方

瀬戸内海に接する北部では、
小魚を煮て干した
いりこ（煮干し）の製造が盛ん。
香川の名物、讃岐うどんにも
主にいりこ出汁が使われています。
かつお漁で知られる南部の高知は、
濃厚でコク深い味わいの
かつお出汁が特徴的。
西部の愛媛県は、麦味噌文化で、
汁ものにも宮崎の「冷や汁」に似た
「伊予さつま汁」があります。
東部の徳島県の山間部、祖谷地方では、
昔から米の栽培が難しく、
代わりに良質なそばが栽培されているので、
「そば米汁」がよく食べられています。

徳島県

そば米汁

“そば米”とは、
そばの実をゆでてから乾燥させ、
殻を取り除いたもの。
高い山に囲まれた徳島県の祖谷《いや》地方では
米がとれないため、
そばが貴重な主食として作られていたことから
生まれた郷土汁。
今でも徳島県の家庭で汁ものや雑炊に入れて
よく食べられているそうです。
プチプチとした歯ざわりがよく、
鶏出汁のスープによく合います。

材料（2〜3人分）

- そば米……大さじ4
- 鶏もも肉……50g
- ちくわ……1本
- にんじん……¼本（40g）
- 干ししいたけ……1枚
- 鶏がらスープ……1カップ
- 昆布だし……1カップ
- A
  - 薄口しょうゆ……小さじ1
  - 酒……小さじ1
  - 塩……少量

作り方

①干ししいたけは水に浸してもどし、薄切りに、ちくわは輪切りに、にんじんは半月切りにする。鶏もも肉は一口大に切る。

②そば米はさっと洗って鍋に入れ、かぶるくらいの水（分量外）と合わせてゆでる。5〜10分ほど煮て、やわらかくなったらざるに上げ、流水で洗ってぬめりを取る。

③鍋に鶏がらスープ、昆布だしを入れて火にかけ、温まったら①を入れる。鶏肉に火が通ったら②を加えてひと煮し、Aで味をととのえる。

徳島県

れんこんのみぞれ味噌汁

れんこんの生産量が多い徳島県で食べられている味噌汁。すりおろしたれんこんのとろみとシャキシャキ感がたまりません。れんこんは変色しやすいので入れる直前にすりましょう。

材料（2人分）
れんこん（皮つき）……⅓節（80g）
だし（好みのもので）……1・½カップ
みそ……大さじ1〜1・½

① れんこんは皮のままよく洗って粗めにすりおろす。
② 鍋にだしを入れて火にかけ、温まったらみそを溶き入れる。①を加えてとろみがつくまで煮る。

節麺のお吸い物

香川県小豆島の名産・手延べそうめんを作る際にできる、麺の端にあたる部分の「ふし」を活用したお吸い物です。太さの違う麺の食感がおもしろい。家庭によっては、味噌仕立てにすることもあるそうです。

材料（2〜3人分）
節麺（そうめんでも可）……30g
にんじん……¼本（40g）
玉ねぎ……½個（80g）
わかめ（もどしたもの）……20g
かつおだし……2カップ
A［薄口しょうゆ……小さじ½
　 塩……少量

① 節麺は熱湯で表示通りにゆで、冷水で締めておく。
② にんじんはせん切りに、玉ねぎは薄切りに、わかめは食べやすく切る。
③ 鍋にかつおだしを入れて火にかけ、温まったら②を入れて煮る。野菜がやわらかくなったら①を入れてひと煮し、**A**で味をととのえる。

香川県

しっぽく

讃岐うどんで有名な香川県。
もとは、〝しっぽくうどん〟として、
秋冬の郷土料理として
親しまれているのですが、
地元では、うどん抜きの〝しっぽく〟という
汁ものもよく食卓に登場するとのこと。
出汁で季節の野菜をしっかり煮込み、
薄口醤油で味つけした
上品な汁ものです。
今回は野菜のみで作りましたが、
鶏肉などを入れてもいいですね。

材料（2〜3人分）

里いも……2個（80g）
かぶ……2個（80g）
にんじん……1/5本（30g）
大根……2cm（60g）
厚揚げ……40g
昆布だし……2・1/2カップ
A［塩……小さじ1/2
　 薄口しょうゆ……小さじ1
青ねぎ（小口切り）……適量

作り方

① 里いも、かぶ、にんじん、大根、厚揚げは拍子木切りにする。
② 鍋に昆布だし、①を入れて火にかける。野菜がやわらかくなったらAで味をととのえ、器に盛って青ねぎを散らす。

愛媛県

伊予さつま汁

愛媛県の宇和島で古くから食べられている汁もの。冷やして食べることから〝冷や汁〟とも呼ばれています。冷や汁にも作り方がいろいろありますが、ここでは、味噌を焼かずに、焼いた鯛をほぐして作るので、さっぱりとした味わいに。

材料（2人分）
鯛（切り身）＊……Ｉ切れ
きゅうり……½本
青じそ……4枚
みょうが……Ｉ個
塩……適量
麦みそ……大さじＩ弱
だし（好みのもので）……Ｉ・½カップ
ご飯（温かいもの）……茶碗2杯分
＊あじやいわしの干物でも可。

①きゅうりは輪切りにし、塩を軽くふってしばらくおき、水気を絞る。青じそはせん切り、みょうがは小口切りにして水にさらし、水気をきる。
②鯛は塩少量をふって焼き、骨と皮を取り除いて手で身をほぐしボウルに入れる。フォークなどでさらに細かく身をほぐし、麦みそを加えてよく混ぜる。
③②にだしを少しずつ加えてよく混ぜてから冷蔵庫で冷やす。器にご飯を盛って汁をかけ、①をのせる。

かつおの味噌汁

高知県名産のかつおを使ったお味噌汁。地元ではかつおのたたきの食べ残りで味噌汁を作ると聞きました。かつおからもしっかり出汁が出るので、昆布出汁で仕上げました。魚の臭みを取るためにしょうがと青ねぎをきかせました。

材料（2〜3人分）
かつおのたたき……80g
しょうが……1片
昆布だし……2カップ
みそ……大さじ1〜1・½
青ねぎ（小口切り）……適量

①かつおのたたきは一口大に切る。しょうがはせん切りにし、盛りつけ用に少し取りおく。
②鍋に昆布だしを入れて火にかけ、温まったら①のかつお、しょうがを入れてひと煮する。
③みそを溶き入れ、器に盛って取りおいたしょうがと青ねぎをのせる。

九州・沖縄地方

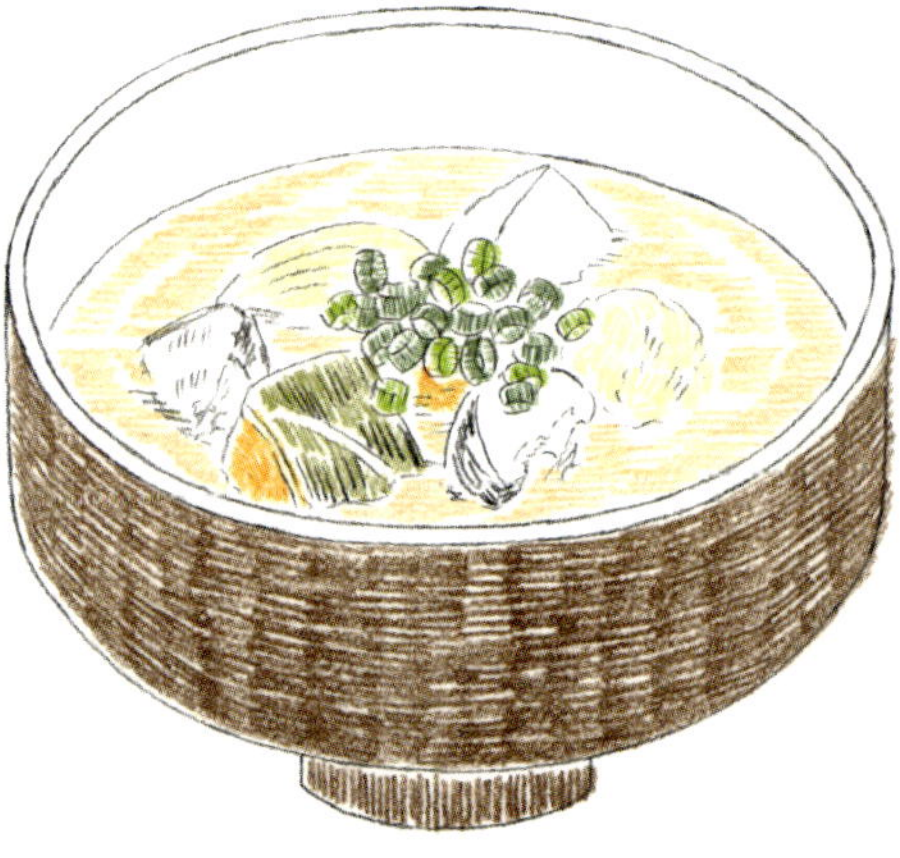

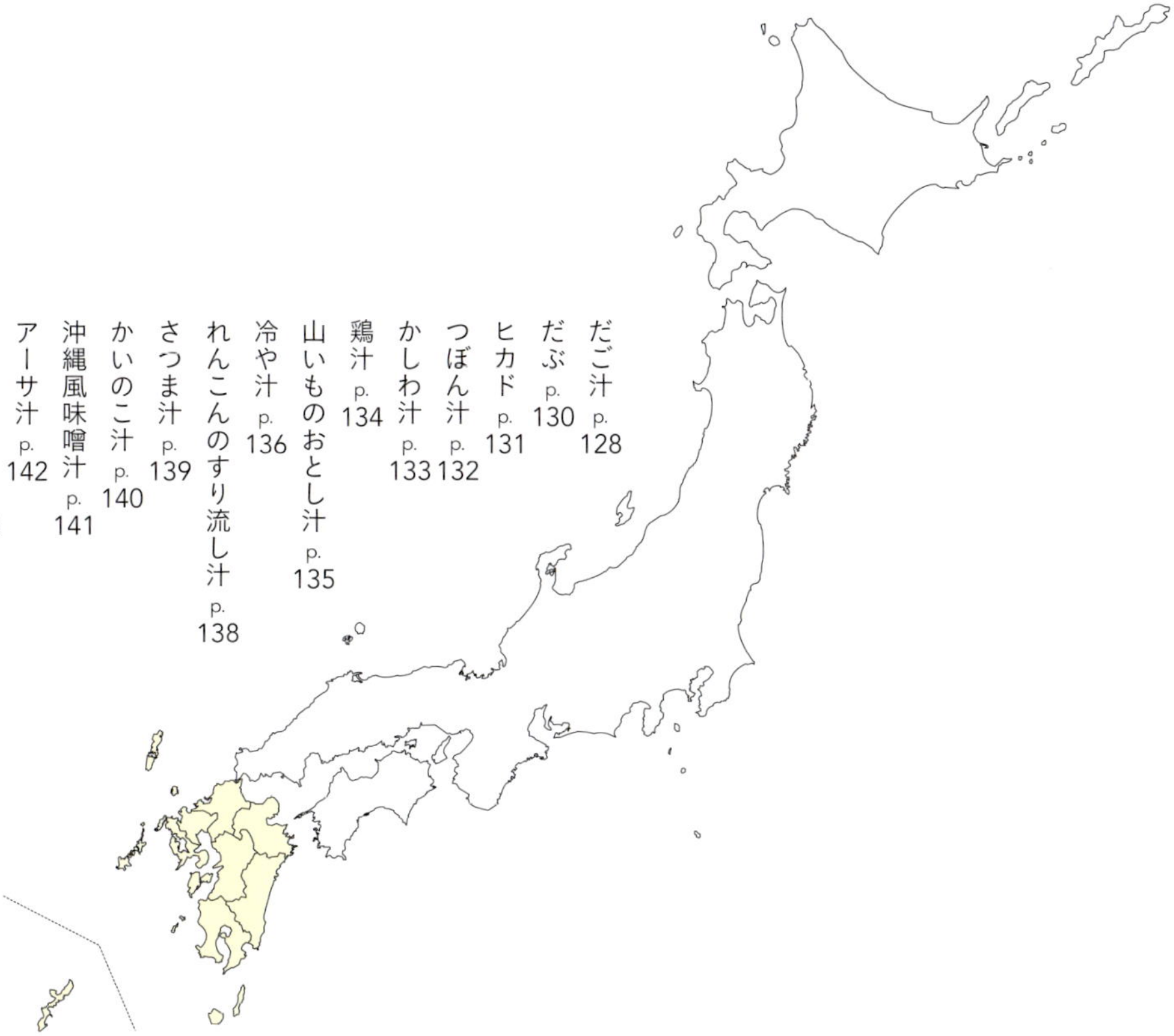

古くから外国との交易が盛んだった九州。
輸入品として砂糖が大量に
運び込まれた影響もあってか、
九州の味噌や醤油は甘め。
よく使われる麦味噌は、
麹の割合が高いため
甘く仕上がっています。
麦の生産が盛んな九州地方では、
小麦を使用した団子を入れた
汁ものが多いです。
出汁は、「かつお節」をはじめ、
長崎で愛される焼いたとびうお「あご」や
「いりこ」など、
いろいろな魚が使われています。

福岡県

だご汁

博多ではうどんがよく食べられていますが、
小麦粉で作った団子（だご）を入れた
汁ものも親しまれています。
この地域の女性は、
だごの作り方さえ知っていれば
一人前ともいわれているそう。
小麦粉に里いもを混ぜて作った
お団子なので、
もっちりふわふわとした食感に。
お好みでゆずこしょうを添えて
お召し上がりください。

材料（2人分）

里いも……小4個（150g）
A ［薄力粉……20g
　　塩……ふたつまみ
　　水……大さじ1〜1・½
かぼちゃ……1/12個（100g）
じゃがいも……小1個（80g）
玉ねぎ……½個（80g）
干ししいたけ……1枚
煮干しだし（またはあごだし）
……2・½カップ
みそ……大さじ1・½〜2
青ねぎ（小口切り）……適量

作り方

① 里いもはゆでるか、電子レンジで加熱し、ひびが入るくらいにやわらかくし、フォークでつぶす。ボウルに**A**を入れて混ぜ、里いもを加えて練り混ぜ、ひとまとめにする。
② 干ししいたけは水に浸してもどし、8等分にする。もどし汁大さじ2はとっておく。かぼちゃはまだらに皮をむき、じゃがいも、玉ねぎとともに一口大に切る。
③ 鍋に煮干しだしと②を入れ、野菜がやわらかくなるまで煮る。
④ ①を手でちぎって丸めて落とし入れ、5分ほど煮る。みそを溶き入れて器に盛り、青ねぎをのせる。

佐賀県

だぶ

煮くずれしにくい具材に水をたくさん入れて「ざぶざぶ」と作ることから「だぶ」と呼ばれるようになったそう。片栗粉でとろみをつけた汁に、おろししょうがをきかせて食べます。

材料（2〜3人分）

鶏もも肉……80g
里いも……2個（80g）
れんこん……⅓節（80g）
にんじん……¼本（40g）
ごぼう……5cm（25g）
長ねぎ……6cm（15g）
厚揚げ……40g
昆布だし……3カップ
片栗粉……小さじ2

A
しょうゆ……小さじ2
みりん……小さじ1
塩……少量

しょうが（すりおろし）……適量

①鶏もも肉、里いも、れんこん、厚揚げは一口大に、にんじんは乱切りに、ごぼうは短冊切りにして水にさらし、長ねぎは小口切りにする。

②鍋に昆布だし、①の長ねぎ以外の具材を入れてやわらかくなるまで煮る。長ねぎを加えて火が通るまで煮て、Aで味をととのえる。片栗粉を同量の水で（分量外）溶いて加え、とろみをつけ、器に盛ってしょうがをのせる。

ヒカド

さつまいもの甘みが溶け込んだやさしい味わいの汁もの。ポルトガル語のPICADO（細かく刻んだ）の意味に由来します。

材料（2〜3人分）
まぐろ……30g
豚もも薄切り肉……30g
大根……2cm（60g）
にんじん……1/5本（30g）
さつまいも……小1本（120g）
干ししいたけ（水に浸してもどす）……1枚
サラダ油……小さじ2
かつおだし……2・1/2カップ
A
塩……小さじ2
薄口しょうゆ……小さじ2
酒……大さじ1
青ねぎ（小口切り）……適量

① 大根、にんじん、干ししいたけ、さつまいもの半分はさいの目切りにし、残りのさつまいもはすりおろす。干ししいたけのもどし汁大さじ4はとっておく。

② まぐろと豚もも薄切り肉は野菜と同じくらいの大きさに切り、軽く塩（分量外）をふる。

③ 鍋にサラダ油と①のさいの目切りにした野菜、②を入れて火にかけ軽く炒め、油がまわったらかつおだしを加えてやわらかく煮る。さつまいものすりおろしを加えて混ぜ、①のもどし汁、**A**で味をととのえる。器に盛って青ねぎを散らす。

熊本県

つぼん汁

熊本県人吉・球磨《くま》地方に伝わる郷土汁。具だくさんのお吸い物。お祭りやお祝い事などの行事食として作られ、深い壺に盛りつけられることからこの名がついたと言われています。

材料（2〜3人分）

鶏もも肉……50g
焼き豆腐……60g
かまぼこ……2cm
大根……2cm（60g）
にんじん……¼本（40g）
里いも……1個（60g）
ごぼう……5cm（25g）
油揚げ……⅓枚
干ししいたけ……1枚
煮干しだし……3カップ
A
しょうゆ……小さじ3
酒……大さじ1
塩……少量

① 鶏もも肉、かまぼこ、焼き豆腐は一口大に切る。大根はいちょう切りに、にんじんと里いもは半月切りに、ごぼうは輪切りにして水にさらす。油揚げは角切りにする。干ししいたけは水に浸してもどし、薄切りにする。

② 鍋に煮干しだしと①の焼き豆腐とかまぼこ以外の具材を入れて煮る。

③ 残りの①を加えてひと煮し、Aで味をととのえる。

かしわ汁

地元では茶褐色の羽の鶏のことをかしわと呼ぶそう。山に囲まれた由布地方では鶏を使った料理がよく作られていたそうです。鶏肉とごぼうの旨みがしみた、深い味わいです。

材料（2〜3人分）
鶏もも肉……80g
ごぼう……10cm（50g）
サラダ油……小さじ1
水……2カップ
A
しょうゆ……小さじ1
酒……小さじ2
塩……少量

① 鶏もも肉は一口大に切る。ごぼうは粗いささがきにして水にさらしてアクを抜く。
② 鍋にサラダ油と、①の鶏肉を入れてから火にかけ、両面をこんがり焼く。①のごぼう、水を加えて火が通るまで煮て、鶏のだしがよく出たら、**A**で味をととのえる。

大分県

鶏汁

煮込んだ鶏肉の旨みをたっぷり味わえます。手に入れば、味が濃く、身の締まった地鶏で作ると、よりおいしく仕上がります。ごぼうと干ししいたけとの相性もばっちりです。

材料（2～3人分）
鶏もも肉……100g
ごぼう……16cm（80g）
干ししいたけ……1枚
だし（好みのもので）……2カップ
みそ……大さじ1
サラダ油……小さじ1
長ねぎ（小口切り）……5cm分
A
酒……大さじ1
しょうゆ……小さじ1
塩……少量

①ごぼうはささがきにして水にさらし、アクを抜く。干ししいたけは水に浸してもどし、薄切りにする。もどし汁大さじ2はとっておく。鶏もも肉は一口大に切る。
②鍋にサラダ油と①のごぼう、しいたけ、鶏肉を入れてから火にかけ、炒める。全体に油がまわったらだしを加えて鶏肉に火が通るまで煮る。
③長ねぎを加え、みそを溶き入れ、①のもどし汁、Aで味をととのえる。

大分県

山いものおとし汁

山いも、鶏肉、ごぼうの3つの食材を使う、大分県の郷土汁。鶏とごぼうの出汁がしみ出た醤油ベースのスープに、ふわふわの山いもをすくい落として作ります。山いもにはつなぎを入れないので、加えてから混ぜすぎないようにしましょう。

材料（2〜3人分）

山いも（皮つき）……160g
鶏もも肉……60g
ごぼう……10㎝（50g）
あごだし……2カップ

A
しょうゆ……小さじ2
酒……小さじ1
塩……少量

①ごぼうは細切りにし、水にさらしてアクを抜く。鶏もも肉は一口大に切る。
②山いもはよく洗い、火であぶってひげ根を焼き、皮ごとすりおろす。
③鍋にあごだし、①を加えて火にかける。鶏肉にほぼ火が通ったら②をスプーンですくって落とし入れ、弱火で静かに煮る。
④山いもが浮いてきたら、**A**を入れて味をととのえる。

宮崎県

冷や汁

宮崎県で夏の暑い時期によく食べられている郷土汁です。家庭によって魚をあぶったり、味噌を焼いたりと作り方はさまざま。ここではひと手間かかりますが、焼いた魚と味噌を合わせて焼き、香ばしさとコクを出します。香味野菜とくずした豆腐とのバランスが絶妙です。魚はあじや鯛などで作られることが多いですが、淡白でクセのない白身魚もおすすめです。

材料（2～3人分）

あじの干物……1枚
麦みそ……大さじ1
きゅうり……½本
絹ごし豆腐……⅓丁（100g）
青じそ……4枚
しょうが……½片
かつおだし……2カップ
塩……少量
ご飯……茶碗2杯分

作り方

① あじの干物は網かグリルで焼き、骨をはずして身をほぐす。すり鉢に入れてねっとりとするまでよくすり、麦みそを加えて混ぜ、すり鉢の中面に押しつけるようにして広げる。

② ①のすり鉢をひっくり返してガス台にのせ、中面のみそを焦がすように中火の直火で香ばしく焼く。ガス台にうまくのらないときには網にのせるとよい。また、アルミ箔に薄くのばしてトースターでこんがり焼いてもよい。焼けたら、かつおだしを少しずつ加えてのばし、冷蔵庫でよく冷やす。

③ 絹ごし豆腐はペーパータオルにのせて水切りする。きゅうりは薄切りにし、塩を軽くふってしばらくおき、水気を絞る。青じそとしょうがはせん切りにする。

④ 器にご飯を盛って③のきゅうりと豆腐をくずしてのせ、②をかけ、青じそ、しょうがをのせる。

宮崎県

れんこんのすり流し汁

すりおろしたれんこんでとろみをつけた、すり流し汁。宮崎県新富町はれんこん栽培が盛んで、滋養食材としても親しまれているそうです。独特の歯ごたえととろみは、後を引くおいしさ。具はれんこんだけでもいいですが、日々のお味噌汁として大根と油揚げを合わせてみました。

材料（2〜3人分）
れんこん（皮つき）……⅓節（100g）
大根……5cm（100g）
油揚げ……⅓枚
昆布だし……2カップ
みそ……大さじ1〜1・½
黄ゆずの皮……少量

① れんこんはよく洗って皮ごとすりおろす。油揚げと大根はせん切りにする。
② 鍋に昆布だしを入れて火にかけ、温まったら①の油揚げ、大根を入れてさっと煮る。
③ みそを溶き入れ、①のれんこんを加えてとろみがつくまで煮る。器に盛って黄ゆずの皮をのせる。

鹿児島県

さつま汁

さつま地鶏をぶつ切りにして煮込んで作る具だくさんの汁もの。最初に具材を炒めてコクを出します。鶏の旨みと味噌の濃厚な味わいは、ご飯のおかずにもぴったり。

材料（2～3人分）

鶏もも肉……80g
大根……2cm（60g）
にんじん……⅕本（30g）
ごぼう……5cm（25g）
里いも……1個（45g）
干ししいたけ……1枚（30g）
こんにゃく……¼枚（30g）
かつおだし……2・½カップ
サラダ油……小さじ2
酒……大さじ1
麦みそ……大さじ2

① 鶏もも肉、大根、にんじん、ごぼう、里いも、こんにゃくは一口大に切り、こんにゃくは下ゆでする。ごぼうは水にさらす。干ししいたけは水に浸してもどして6等分に切る。

② 鍋にサラダ油と①の鶏肉を入れて火にかけて炒める。残りの具材を加えて油がまわるまで炒める。

③ かつおだしと酒を加えて野菜がやわらかくなるまで煮て、麦みそを溶き入れる。

鹿児島県

かいのこ汁

大豆と夏野菜が入った、鹿児島県のお盆に作られる精進料理。お盆にお粥と一緒に仏様に供えたことから「粥の子」と呼ばれ、それが変化し〝かいのこ〟になったそう。

材料（2～3人分）

大豆（乾燥）……⅓カップ
なす……1本
かぼちゃ……1/15個（80g）
生きくらげ……3枚くらい（20g）
昆布（水だしで使ったもの）……20g
昆布だし……3カップ
みそ……大さじ2

① 大豆はたっぷりの水（分量外）に浸してひと晩おく。すり鉢で粗くつぶす。
② なすは半月切りにして、水に浸してアクをぬく。かぼちゃは食べやすい大きさ切る。生きくらげ、昆布は細切りにする。
③ 鍋に昆布だし、①を入れて火にかけて大豆がやわらかくなるまで煮る。②を加えて野菜がやわらかくなるまで煮て、みそを溶き入れる。

沖縄風味噌汁

ランチョンミートや卵を加えた具だくさんのお味噌汁。沖縄の定食屋さんでは、ライスつきでおかずのように食べるそうです。卵の固さはお好みで仕上げてください。

材料（2人分）
ポークランチョンミート……50g
白菜……1枚（80g）
厚揚げ……½枚（90g）
卵……2個
かつおだし……2カップ
みそ……小さじ2

①ポークランチョンミート、白菜は細切りにする。
②鍋にかつおだしを入れて火にかけ、温まったら①を入れてひと煮し、厚揚げを手でくずし入れる。
③卵を割り落として好みの固さに煮て、味をみてみそを溶き入れる。

アーサ汁

沖縄県で定番の海藻「アーサ（あおさ）」を使った味噌汁。沖縄では海で獲れたばかりの生のあおさを使って作ることも。地元で食べられているアーサ汁には醤油と塩で味つけをしたあっさりした吸い物もありますが、ここでは味噌仕立てに。磯の風味が広がる優しい味わいです。

材料（2〜3人分）
アーサ（あおさ）……5g
豆腐（好みのもので）……⅕丁（60g）
だし（好みのもので）……2カップ
みそ……大さじ1〜1・½

① 豆腐はペーパータオルにのせて軽く水切りする。
② 鍋にだしを入れて火にかけ、温まったらアーサを入れ、①をくずし入れる。みそを溶き入れてひと煮する。

沖縄県

もずくスープ

「もずくスープ」として親しまれている、沖縄県の郷土汁。かつお出汁をベースに豆腐ともずくを加えた、ヘルシーな和風スープです。ツルツルとしたもずくの食感が食欲をそそります。

材料（2〜3人分）
もずく……100g
豆腐（好みのもので）……⅕丁（60g）
かつおだし……2カップ
A
しょうゆ……小さじ1
塩……小さじ⅓
三つ葉（粗く刻む）……適量

①豆腐はペーパータオルにのせて、軽く水切りする。もずくは食べやすい長さに切る。
②鍋にかつおだしを入れて火にかけ、温まったら①のもずくを入れ、豆腐をくずし入れる。**A**を加えてひと煮し、器に盛って三つ葉をのせる。

飛《ひ》田《だ》和《かず》緒《を》

1964年、東京都生まれ。高校の3年間を長野で過ごす。現在は、海辺の町で夫と娘の3人で暮らす。日々の食卓で楽しめる家庭料理には定評があり、雑誌、書籍、テレビなどで活躍する。また、その土地ごとの素材や味に向き合い、家庭で作りやすいようにアレンジすることが得意。著書に『飛田和緒のなべ』(小社刊)、『常備菜』(主婦と生活社)『私の保存食手帖』(扶桑社)がある。

ブックデザイン　渡部浩美
撮影　広瀬貴子
スタイリング　久保原惠理
イラスト　カワナカユカリ
校正　株式会社円水社
構成　長谷川梨紗　長谷川浩史(株式会社くらしさ)
編集協力　池田美沙枝
編集部　能勢亜希子

飛田和緒の郷土汁

発行日　2016年12月25日　初版第一刷発行
　　　　2017年1月20日　第二刷発行
著者　飛田和緒
発行者　小穴康二
発行　株式会社世界文化社
〒102-8187　東京都千代田区九段北4-2-29
TEL　03-3262-5118(編集部)
TEL　03-3262-5115(販売業務部)
DTP　株式会社明昌堂
印刷・製本　凸版印刷株式会社

ISBN 978-4-418-16345-8